中国边疆经济研究系列丛书

广西大学哲学社会科学文库

广西社科规划课题结项成果

壮族消费文化研究（1978—2018）（项目编号：18BGL006）

基于消费文化视角的广西消费经济研究

孔庆民　著

中国商务出版社

·北京·

图书在版编目（CIP）数据

基于消费文化视角的广西消费经济研究／孔庆民著
. —北京：中国商务出版社，2023.12
ISBN 978-7-5103-4917-1

Ⅰ.①基…　Ⅱ.①孔…　Ⅲ.①消费经济学—研究—广
西　Ⅳ.①F126.1

中国国家版本馆 CIP 数据核字（2023）第 226594 号

中国边疆经济研究系列丛书
广西大学哲学社会科学文库

基于消费文化视角的广西消费经济研究
JIYU XIAOFEI WENHUA SHIJIAO DE GUANGXI XIAOFEI JINGJI YANJIU

孔庆民　著

出　　版：中国商务出版社
地　　址：北京市东城区安外东后巷 28 号　　　邮　　编：100710
责任部门：融媒事业部（010-64515164）
责任编辑：云　天
直销客服：010-64515164
总 发 行：中国商务出版社发行部（010-64208388　64515150）
网购零售：中国商务出版社淘宝店（010-64286917）
网　　址：http://www.cctpress.com
网　　店：https://shop595663922.taobao.com
邮　　箱：631229517@qq.com
排　　版：北京天逸合文化有限公司
印　　刷：北京建宏印刷有限公司
开　　本：787 毫米×1092 毫米　1/16
印　　张：14　　　　　　　　　　　字　　数：213 千字
版　　次：2023 年 12 月第 1 版　　　　印　　次：2023 年 12 月第 1 次印刷
书　　号：ISBN 978-7-5103-4917-1
定　　价：78.00 元

总　序

改革开放 40 多年以来，我国创造了举世瞩目的经济发展奇迹，形成了具有中国特色的经济发展模式。进入新时代，我国社会的主要矛盾发生了很大的变化，现在需要解决的是"人民日益增长的美好生活需要和不平衡不充分的发展之间的矛盾"。站在新的改革起点，区域协调发展成为我国实现经济可持续发展，应对复杂多变的国际新形势新挑战的关键内容，边疆地区也由此从开放"末梢"变为"前沿"。但在社会经济、政治、文化等多个方面，我国边疆地区和沿海、内地形成了经济发展水平差距较大的不同经济社会区域。加快边疆地区经济社会的发展，逐步实现区域平衡发展，成为新发展格局背景下我国经济发展新的增长点。这就不仅需要学术界对改革开放以来边疆经济发展的实践进行总结，更重要的是要在总结经验的基础上，对边疆经济发展实践总结的提升，构建起具有中国特色的边疆经济学理论体系，进而指导边疆经济的发展。

基于这样的想法，本系列丛书编写组结合实际的工作经历和实践，组织了一批专门从事边疆经济研究的学者，对边疆经济进行了系统研究，最终形成了《边疆经济学概论》《北部湾城市群研究》《自贸试验区建设与沿边经济开放发展研究》《我国沿边经济开放战略与实践研究》《中国沿边地区外贸高质量发展的测度与提升路径研究》《基于消费文化视角的广西消费经济研究》《新发展格局下边疆地区对外开放路径研究》《新发展格局与中国边疆经济发展论文集（上下册）》《西南边疆民族地区创新驱动扩大内需的对策研究》《最优发展战略——综合优势战略论开启经济发展新思维》《国际货币金融合作与边疆经济开放发展的有效协同机制研究》《百年变局下沿边地区高质量发展研究——以对外贸易发展为视角》等著作，并以系列丛书的形式出版，这就是今天展现在大家面前的"中国边疆经济研究系列丛书"。本系列丛书贯彻中央关于新发展理念、构建新发展格局的精神，聚焦边疆经济学理论构建、研究边疆经济发展实践、突出边疆经济发展特色、阐述边疆对外开放、促进周边国家合作等，切实回应新时代建设社会主义现代化强国的需求，对边疆经济发展具有指导意义。本系列丛书重点从以下两个方面展开研究。

一、尝试探索构建一个理论

边疆经济学属于应用经济学的研究范畴，但又与其他应用经济学不同，有其特殊性。因此，国内至今还没有构建起有关边疆经济学的理论体系。

我国最早开始关注边疆经济学理论构建的省份是黑龙江。1984年，哈尔滨师范大学成立边疆经济研究室，徐晓光（1986）提出了中国边疆经济学的构想。对边疆经济理论体系进行较为全面阐述的是牛德林教授。20世纪80年代，牛德林提出"超常发展战略"这一概念，认为边疆地区的经济发展"封则衰"，要突出"开"的特色。同时，他提出"周观经济"与"要素跨国优化论"，为我国边疆地区自身经济发展及跨境合作奠定了理论基础。我国陆地边疆这一地域空间应作为一个整体，考察其经济增长与发展运动规律的经济理论抽象。他认为"要素跨国优化"是国际分工、互补合作的结构，国际间的经济交往往往是从贸易开始，通过产品、资源的交换，实现资源互补，进一步在区域内开展资源开发合作与共享，以最终实现要素的跨国以及国际间的优化组合，保障所有参与国的共同利益和可持续发展。随着边疆经济领域理论的逐渐丰富，把边疆经济学作为一门独立学科来研究的呼声越来越高。

20世纪90年代是我国边疆经济学研究的高峰时期。鉴于当时的国内及国际环境，针对边疆的研究重点放在了地缘政治领域，如"巩固边防""屯垦戍边""保卫边疆"等，边疆的经济价值往往被忽略（牛德林，1994）。到2000年前后，大部分学术文章都将边疆经济理论的研究与我国边疆地区的发展实际相结合。因此，我国边疆经济建设面临很多特殊的问题，包括思想解放不够、经济基础薄弱、领导者思路及管理方式陈旧等。我国边疆经济的发展要充分考虑这些特殊性，因地制宜地制定出具有可操作性的方针（李明富，1998），深入挖掘在地理位置、生活习惯、历史传统、经济发展状态、发展趋势等方面的发展优势，促进经济建设（邱济洲等，2000）。

任何一种科学理论的创建，都需要建立逻辑自洽的理论体系，深挖并厘清研究相关概念、研究对象、研究任务、研究内容等方面的内在逻辑（欧阳晓，2018）。邢玉林（1992）指出边疆在古代和近代的定义的区别，他认为"近代边疆是指国家陆路边界线内侧的或在国家海岸线外侧的，且属于该国主权的边缘陆路领土或海洋领土。而古代边疆则是指在本国与外国之间的习惯界线、自然界线内侧的，或在本国海岸线外侧的，且属于本国主权的或为本国实际管辖的或为民族生息繁衍的边缘陆路领土或海洋领土"。刘啸霆（1999）认为"边疆是靠近各国边境线的相对完整的行政区域"。马大正（2002）认为"边疆是一个地理、历史及政治的综合概念，并具有军事、经济和文化等多方面的意义，学术界多认同这种综合性的概念框架，一般认为考虑边疆经济价值的时候仅指陆地边疆，陆地边疆指既有国界，又有直接在国土上相邻的国家，并位于国界内侧的一定经济社会区域"。关于边疆经济学的研究对象，牛德林认为，边疆经济学"是以边疆这一特殊区域的特殊经济社会运动过程作为研究对象和客体，研究边疆地区经济运动的特点、经济结构和规律的科学"。这三层含义，具体来说，第一层是边疆地区经济运动的特点；第二层是边疆地区的社会经济结构，也被称为"边疆地区的社会经济关系"，这种关系不仅包括边疆地区内部各个经济部门、经济形式、产业企业之间的关系，还包括边疆与内地、沿海之间的经济互动；第三层是经济规律。研究边疆经济学的根本任务，牛德林认为，边疆经济学是研究和介绍边疆地区经济发展过程的特点和特殊规律。研究社会经济基础与上层建筑，在生产方式的深层次上，研究边疆生产力内部、生产关系内部、上层建筑内部以及各个系统之间的联系，从而研究边疆地区人与自然界进行能量与物质转换时产生的经济的、政治的、社会的融汇在一起的各种因素，组成一个优化的运动系统，实现边疆经济稳定、协调、迅速、持续的发展和增长。具体来看，包括边疆经济社会中的理论问题、边疆地区经济发展中的各种实际经济社会问题、边疆地区发展历史和未来趋势以及边疆地区的国际比较四个方面。学界对于边疆经济理论的发展方向有两种不同的观点。一些学者认为边疆经济理论的发展定位应该是跳跃的，甚至是超常规的。其理由是边疆地区是我国发展的真正的"资源库"，必须通过超常规的方法进行资源开发，才能够有效解决制约我国经济发展的资源瓶颈问题。虽然经济发展不平衡性在一定的限度之内是正常的，但是若各个区域之间的发展差距过大，则极易造成人们心理不平衡甚至有碍社会稳定。而另外一些学者则认为边疆经济学理论应该是适度的、有计划的、有节制的。经济发展水平的不断提高，以及人们生活的不断改善，增加了人们对资源更大的需求，然而任何一个国家都不能保障资源被完全合理及完备地开发和利用，因此资源丰富的边疆地区应该进行有节制的经济增长（黄万伦等，1990）。边疆地区开发开放促进了边疆经济的发展，同时对边疆的社会、生态、安全、环境等方面产生巨大影响，边疆经济是"边疆"这一综合体系中的一环。"边疆经济学"到底是"边疆学"学科的扩展还是新学科的诞生，引起了学界不少的争论。我国边疆学是一门综合性学科，其综合性的特点体现在对各个领域的研究视角和研究方法上（马大正，2003）。边疆学研究中国边疆的形成和发展的历史规律，涉及边疆地区政治、经济、民族、宗教、文化等方面。经过长时间发展，边疆学的学科归属及其构建仍然处于困境（杨明洪，2018）。一方面，学界对边疆学的体系、内涵及特点等诸多问题还缺乏一致认识；另一方面，中国边疆学在国务院学位委员会、教育部多次印发的"学科专业目录"中，不论是一级学科还是二级学科，迄今都没有"边疆学"的名分。梁双陆（2008）认为，中国边疆学可以分为"中国边疆学+基础研究领域"和"中国边疆学+应用研究领域"两个部分。边疆学把边疆地区的社会经济系统作为边疆学的一个子系统，研究边疆各民族的生活生产方式，每个阶段对于边疆的开发与经营，边疆资源的配置和运用，边疆地区的社会经济结构与各个部门的联系，边疆经济的发展及其水平，生态环境与边疆人民的互动关系等（方铁，2007）。

我国目前还没有形成统一的边疆经济学科理论，学科建设成果十分有限，杨明洪（2016）认为，我国学术界对边疆问题的研究并不深入，究其原因，一方面，学术上对边疆经济学这一学科的认识不够，"边疆经济学"和"经济边疆学"学科容易混淆；另一方面，边疆经济学一般被认为是区域经济学的范畴，但到目前为止，区域经济学并无关于边疆经济学的研究内容。除此之外，我国在边疆经济学领域与其他国家的合作研究较少，Alexander Bukh 等研究人员撰写了大量关于边疆经济发展以及边疆经济理论等方面的文章，非常值得借鉴；但我国学术界对这些文章并未进行相关研究，也尚未形成能够指导边疆经济发展的完整的边疆经济学理论体系。边疆经济在我国国民经济与对外开放中的地位和作用越来越重要，边疆区域发展对我国内陆地区经济增长产生极大的正面作用，是我国区域协调发展战略的核心组成部分，也是未来我国经济可持续发展的新动力，因此我国亟须建立能够指导边疆开放发展的科学理论体系。

本系列丛书中的《边疆经济学概论》，第一次从边疆经济学研究的角度，尝试对边疆经济研究的范围进行界定。在此基础上，对边疆经济学的相关概念、研究对象、研究内容及其与其他经济学的关系等进行了分析。最后，对边疆经济理论进行构建，形成了边疆经济学的五大理论体系。可以说，这是国内对于边疆经济学理论研究较为全面的著作，构建了边疆经济学的理论体系，实属国内首创。

二、总结边疆经济发展的实践

本系列丛书包括基本理论、国际关系、对外贸易、对外开放、自贸试验区建设、边疆金融、边疆消费经济等方面的著作，形成了有关边疆经济发展理论与实践的系列成果，此前国内研究中还没有这样的成果。本系列丛书系统地研究了改革开放以来边疆经济发展的实践，从多个领域进行研究，对边疆经济发展实践进行总结，并对边疆经济发展规律进行了不同程度的探索。在实践方面，本系列丛书以党的十一届三中全会以来的重大会议为主线，以改革开放为节点分为 1949—1978 年、1979—1990 年、1991—2001 年、2002—2012 年、2013 年至今五个时期。1949—1978 年为边疆经济发展的起步期。新中国成立以后，根据当时国际国内的形势，我国把重点放在巩固国防、发展经济和满足居民生活需要等方面，工业尤其是重工业成为中国经济发展的重要内容，其工业布局主要集中于沿海地区的同时，从国家整体战略考虑，也将工业的一部分布局在内地和边疆地区。在对外开放方面，东北地区在1948年与朝鲜签订了《中朝经济协定》，并于1953年以此为基础签署了《中朝经济及文化合作协定》，中国丹东成为与朝鲜开展互市贸易和经济合作的最重要的口岸城市；在西北地区，对外开放以1950年中国与苏联签署的《中苏贸易协定》为开端，以新疆塔城的巴克图口岸和霍尔果斯口岸为重点，开展了与苏联的合作；在西南地区，由于与东南亚国家不断建立关系，经贸往来也开展起来，在我国边疆地区逐渐建立和开放了西藏的亚东口岸，广西的凭祥、东兴等口岸，中国边疆地区经济发展开始起步。1979—1990年为边疆经济发展的过渡期。这个阶段包括了我国国民经济计划的"五五"末两年、"六五"、"七五"共12年的时间，一直到"八五"开始。"五五"计划实施的前期，虽然"文化大革命"已经结束，但是"文化大革命"的一些影响还存在，一些思想、错误行为等还未得到系统纠正，经济发展过程中"左"的思想倾向依然存在，严重地影响经济的发展。因此，可以说在党的十一届三中全会召开以前是经济发展的起步期，虽然此时中国经济各领域都开始出现自下而上的改革压力，经济发展仍然存在过热与冒进的情况；但是在1978年党的十一届三中全会召开之后，中国经济发展打破了原来的经济发展模式，以农村实行家庭联产承包责任制和城市里私营经济为开端，开启了中国改革开放的新征程，中国开始了由原先的封闭经济向开放经济转变，从计划经济向市场经济转变。从改革开放之初到1990年，经过12年改革开放发展，我国经济获得了快速的发展。在这一过程中，边疆经济与国家整体经济基本保持一致，在改革开放的进程中也得到了快速发展，年均增长率保持在15%左右。在对外贸易方面，从1980年到1990年，边疆地区进出口贸易总额年均增长率为25.1%，比同期全国与沿海进出口贸易总额年均增长率11.7%和16.4%分别高出13.4个和8.7个百分点，其中出口年均增长率为25.6%，进口为24.0%，出口比全国高出12.5个百分点，进口高出13.7个百分点。1991—

2001 年为边疆经济发展的加速期。进入"八五"时期（1991—1995 年），党中央在《中共中央关于制定国民经济和社会发展十年规划和"八五"计划的建议》中，提出在继续推进沿海地区经济发展的同时，要选择一些内陆边境城市和地区，加大对外开放力度，促进这些地区对外贸易和经济技术交流的发展，使之成为我国对外开放窗口，并且要按照今后十年地区经济发展和生产力布局的基本原则，统筹好沿海与内地、经济发达地区与较不发达地区之间的关系，促进区域经济协调发展。有重点地加大对沿边地区经济发展的支持力度，发展具有本地优势和特色的加工工业，对沿边地区的经济发展实施优惠政策，加快陆地边境口岸的建设，积极发展边境贸易。1992 年 1 月 18 日至 2 月 21 日，邓小平先后赴武昌、深圳、珠海和上海视察，并发表了重要讲话。邓小平在讲话中提出了"坚定不移地贯彻执行党的'一个中心、两个基本点'的基本路线，坚持走有中国特色的社会主义道路，抓住当前有利时机，加快改革开放的步伐，集中精力把经济建设搞上去"，要"加快改革开放的步伐，大胆地试，大胆地闯"，"抓住有利时机，集中精力把经济建设搞上去"，"坚持两手抓，两手都要硬"等，并对深圳等经济特区的建设给予了高度的评价，推动中国改革开放进入了全面发展新阶段。正是在这样的背景下，边疆经济也进入了快速发展阶段。2002—2012 年为边疆经济发展的调整期。2001 年 11 月，中国加入世界贸易组织（WTO），标志着中国重返世界经济舞台，开启了改革开放的新征程，中国经济发展也进入了"十五"时期。在此背景下，为了更好地融入世界经济发展的大潮中，中国一方面调整现有的边贸政策，以与世界贸易组织接轨；另一方面，开始对边疆经济发展政策进行调整，既要符合世界贸易组织的规则，又要促进边疆经济发展。因此，党中央在《中共中央关于制定国民经济和社会发展第十个五年计划的建议（2001—2005 年)》中，提出"实施西部大开发战略，加快中西部地区发展，关乎经济发展、民族团结、社会稳定，关乎地区协调发展和最终实现共同富裕，是实现第三步战略目标的重大举措"。党中央提出的"促进西部边疆地区与周边国家和地区开展经济技术与贸易合作，逐步形成优势互补、互惠互利的国际合作新格局"，把边疆经济发展纳入中国整体经济发展战略之中，开始谋篇布局。

2013 年至今为创新发展阶段。党的十八大以来，我国沿边地区在党中央、国务院领导下，服务国家对外开放大局，艰苦创业、开拓进取，内引外联、突出特色，有效地聚集了人流、物流、资金流、信息流，带动了边疆地区产业快速发展，增进了与周边国家经济合作交流，促进了边疆地区民族团结，沿边地区的经济发展取得了令人瞩目的成效。党的十八届三中全会审议通过的《中共中央关于全面深化改革若干重大问题的决定》提出，加快沿边开放步伐，允许沿边重点口岸、边境城市、经济合作区在人员往来、加工物流、旅游等方面实行特殊方式和政策。习近平总书记指出，中国特色社会主义进入了新时代，这是我国发展新的历史方位。党的十九大报告强调，实施区域协调发展战略。加大力度支持革命老区、民族地区、边疆地区、贫困地区加快发展。推动形成全面开放新格局。中央政治局会议要求，统筹强边固防和"一带一路"建设、脱贫攻坚、兴边富边、生态保护等工作，促进边境地区经济社会发展和对外开放，维护沿边沿海地区和管辖海域安全稳定与繁荣发展。2019 年是新中国成立 70 周年。随着"一带一路"建设和沿边开放战略的深入推进，沿边地区正处于加快发展和转型升级的重要战略机遇期。但受特殊的区位条件、地理环境、资源要素等多方面因素的影响，沿边地区的发展仍面临诸多困难和挑战。未来沿边地区需要进一步加大开放力度，加强基础设施建设，完善投资环境，培育壮大特色优势产业，提升发展水平。站在新的历史起点上，沿边地区如何抓住机遇，实现跨越式发展，构建开放型经济新体系，如何才能真正成为我国新一轮改革开放的前沿等诸多问题需要我们去思考、研究。这一时期，党中央、国务院高度重视边疆经济发展，习近平总书记多次视察边疆地区，并作出重要指示，边疆经济发展方向明确、布局清晰，开始从区域协调发展战略上对边疆经济发展进行统筹谋划、顶层设计、战略推进、科学布局、创新发展。

　　总之，本系列丛书在边疆经济诸多研究方向上做了探索，深入挖掘学术思想，形成了一家之言。本系列丛书梳理、总结了边疆经济学理论的发展脉络，论证了边疆经济学的理论基础；分析与归纳了我国边疆开放发展的探索经验，总结出了边疆经济学的中国特色；有针对性地提出了新发展格局下边疆地区对外开放的路径；总结边疆地区自贸试验区建设的经验；既对边疆外贸高质量发展做了深入探索，也对边疆金融与消费做了细致分析。上述研究都是难能可贵的，为边疆经济学的发展奠定了新的研究基础。尽管如此，本系列丛书仍存在很多不足，恳请各位同人批评指正，以使本系列丛书编写组在今后的研究中更加努力，将边疆地区的经济发展、开发开放的研究推向更高水平，使边疆地区真正成为中国改革开放的前沿、新时期开放型经济发展的新增长极。

中国边疆经济研究系列丛书编委会
2021 年 12 月

前　言

改革开放 40 多年以来，在党和国家的关怀下，广西壮族人民群众的生活水平大幅提高，消费经济获得了巨大的发展。本书采用案例分析与实证研究相结合的方法，研究改革开放以来广西壮族人民群众消费文化的变化与特征，展示了党和国家发展少数民族经济所取得的伟大成就。本书在第一章分析总结了广西消费经济情况。在第二章以"三月三"国际民歌节为对象，从全球化视角分析了壮族消费文化。在第三章以荔浦衣架产业为对象，分析少数民族特色产品的国际化。第四章以壮锦为对象，分析壮族的文化消费。第五章分析壮族的饮食消费特征。第六章分析壮族妇女的消费特征。第七章分析壮族的休闲文化消费。第八章分析壮族的肉类消费情况。第九章分析壮族传统文化中的消费特征。第十章提出了壮族消费文化的发展趋势是多元文化融合。第十一章采用实证分析的方法，验证了多元文化融合的消费特征。本书的研究成果表明了在党和国家的领导下，壮族消费文化对广西消费经济的积极影响，广西壮族和各族人民融合发展的伟大成就。本书是作者在研究中的一些体会，存在诸多不足之处，敬请各位读者包涵和指正！

作　者
2023 年 10 月

CONTENTS
目 录

绪　论

第一节　研究背景与研究意义

1978 年改革开放以来，经济高速发展，中国的消费经济发生了巨大变化。"数百万人有了新的通信方式，新的社会词汇，以及新的商业化途径产生的新的休闲方式。中国经历了并正在经历消费革命"（戴慧丝，2006）。在广西，城乡居民可支配收入由 1978 年的 412 元增长到 2017 年的 14671 元（中国产业信息网，2017），壮族老百姓的消费能力增强、消费选择更多、消费文化也发生了变化。例如，"壮族三月三"传统节日由民俗节日消费演变为了假日大众消费，以及如雨后春笋般出现的北方饺子馆，说明壮族消费者开始接受北方面食消费。这些变化隐含在日常生活中，却没有得到有效关注，这些现象背后的原因也没有得到分析，更重要的是，我们该如何根据消费文化的演变去引导消费、治理消费、促进广西经济社会发展，这些问题都没有得到重视。本书将探索与论述壮族消费文化，促进广西消费经济发展，为繁荣壮族文化与促进中华民族融合做出贡献。

本研究的理论意义在于记录与研究壮族消费文化各个组成要素，发现壮族消费文化的发展趋势，进而构建壮族消费文化研究体系，形成壮族消费文化理论，揭示壮族消费文化对广西消费经济的影响。实践意义在于繁荣壮族消费文化，促进中华民族融合；为广西制定消费政策，引导消费，进行消费治理提供政策依据，有助于广西建立现代化消费治理体系，促进广西经济社会发展与腾飞。

第二节　研究现状述评

一般来说，在消费领域的范畴内，大众所创造的物质类财富与精神类财富的总和，是大众在消费方面的创造性表现，同时也是大众的各种合理消费在实践过程中的升华和结晶（杨魁、贺晓琴，2012），这就是我们通常所说的消费文化。国外对消费文化的研究开展较早，成果颇为丰富。如 Bourdier（1984）用习惯、品位、生活风格、文化资本区分了各个社会阶层的消费文化。Baudrillard（1988）则从符号学角度剖析了消费的性质。还有如 Bocock（1992）提出消费文化的生活风格，Featherstone（1991）认为后现代主义影响了消费文化，伯明翰当代文化研究中心学派提倡的消费快乐主义思想，提出基于消费者大众的立场。总结起来就是，在对消费文化的研究过程中，国外的研究主要分为对消费的符号含义、文化的建构以及主观感受过程三个部分。而我国的学者最早在 20 世纪 80 年代末 90 年代初的时候才开始对消费文化进行探索性研究，但是在起步阶段，国内关注和重视这类问题的研究学者和相关的研究结果都少之又少，并未得到学术界的重视。而后到 21 世纪初期，伴随着我国经济社会的高速发展，尤其是在全球化进程中国和西方现代、后现代思想浪潮的传播和影响下，消费文化才逐渐浮出水面，成为学术界、理论界的研究热点。直到今天，我们国内对消费文化的研究主要分为三个方面，消费文化的内涵、消费社会和消费观念。如胡敏中（2011）提出消费文化是消费社会中文化消费的特有形态。纪江明（2010）提出消费文化是社会阶层、社会地位的符号。杨魁、高海霞（2009）认为消费观念是消费者对消费生活的认知。总的来说，国内对消费文化的研究仍处于在西方消费文化研究的基础上，试图深入探索在中国国情下具有中国特色消费文化的研究阶段。

国外很少使用"少数民族"，使用较多的是"少数族裔"，在消费文化研究丰富发展的影响下，对少数族裔的研究也逐渐增多，例如 Ourahmoune 和 Ozcaglar-Toulouse（2012）发现阿尔及利亚卡比尔人的婚嫁消费是现代时尚与传统的交融，Crowley（2018）提出后现代主义下英伦三岛各个族裔的消费文化正在融合，Ferrer-Fons 和 Fraile（2014）发现西欧的少数族裔以抵制消费的具体行动来表达自己在政治方面的某些诉求。总体来讲，国外对少数族裔的消费文化研究一般具有从细处着眼的特点，聚焦于某个少数族裔消费文化的一些细节之处展开相关研究。在国内对于像国外一样对少数族裔的消费文化研究，尚处于探索阶段。如马明良（1994）发现青海撒拉族的消费观念受到宗教、生产力水平和民俗的影响。李霞（2005）发现云南怒族的消费文化从自给性消费向商品性消费转变。孙岿（2006）发现东北朝鲜族消费文化重视当下、具有享乐倾向的特征。方劲（2009）发现云南苗族消费文化呈现出既富裕又贫困的特点。吴晓琳、杨宝康（2008）发现云南佤族消费文化受到政治、经济、传统力量的影响。张建军、汪俊（2011）发现新疆伊犁哈萨克族的婚嫁消费具有补偿与互惠、身份建构、家族与社会交往的特点。卫松、杨昌儒（2017）发现贵州布依族消费文化可以分为物质层、观念层和制度层。

对壮族文化的研究偏重于物质文化与非物质文化的保护与传承研究，如黄中习（2012）专注于壮族创世史诗的英译工作。吴德群（2015）认为对壮族民间文化的认知、认同和保护是转型期壮族民间文化研究的三大主题。覃德清（2016）提出壮族文化建设。高卫华、潘璐（2016）发现少数民族文化通过影视媒介传播。

综上所述，当前国外对消费文化的研究较多，国内研究还处于探索阶段。对少数民族消费文化的研究，国内国外具有相同的特点，即针对某个少数民族从生活中的某个消费细节进行研究。然而，对壮族消费文化的研究却非常缺乏。对壮族文化的研究多是以文物、非物质文化遗产等为对象，从保护与传承民族文化的角度进行研究，而以壮族消费文化为对象的研究亟待开展。

第三节　研究内容与研究方法

本书的研究对象泛指居住在广西的以壮族为主体的人们。本研究分为三个部分。第一部分即本书的第一章，研究改革开放以来广西消费经济的变化情况。第二部分是第二章至第十章，研究壮族消费文化各个要素。在第二章以"三月三"国际民歌节为对象，从全球化视角分析壮族消费文化。在第三章以荔浦衣架产业为对象，分析少数民族特色产品的国际化。第四章以壮锦为对象，分析壮族的文化消费。第五章分析壮族的饮食消费特征。第六章分析壮族妇女的消费特征。第七章分析壮族的休闲文化消费。第八章分析壮族的肉类消费情况。第九章分析壮族传统文化中的怀旧消费特征。第十章提出了壮族消费文化的发展趋势是多元文化融合。第三部分是第十一章，采用实证分析的方法验证了壮族与各民族多元文化融合的消费特征。本书的研究成果表明了在党和国家民族团结政策的领导下，多民族之间的消费经济融合发展。本研究的技术路线如图 0-1 所示。

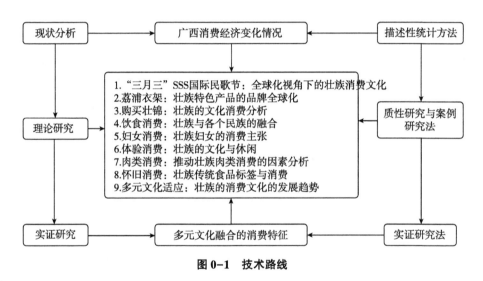

图 0-1 技术路线

本研究主要采用了三种方法，综合使用了当下比较前沿的混合研究方法。在第一部分研究广西消费经济状况采用了描述性统计分析的方法。第二部分，主要采用了质性研究中的案例研究方法。第三部分则采用了实证研究方法。

描述性统计法：第一章采用描述性统计法，分析了广西的消费经济情况，采集了 1978 年至 2020 年广西 GDP 等相关数据，发现广西消费经济跨越式发展，广西在商贸流通领域发生了翻天覆地的变化。

质性研究与案例研究法：第二章至第十章采用质性研究与案例研究法，分别分析了"三月三"民歌节、荔浦衣架、壮锦消费情况、壮族饮食消费情况、壮族妇女消费情况、壮族肉食消费情况、壮族怀旧消费情况以及对多元文化适应的情况，对壮族消费现象进行深入的建构性探究，论述了壮族消费文化对广西消费经济的积极影响，揭示了壮族消费融合的趋势。

实证研究法：第十一章采用实证研究的方法，分析了社交商务环境下中国广西少数民族的消费者在食物方面的消费行为变化，验证了广西消费经济中少数民族消费文化与其他文化融合发展的潮流趋势。

第一章　广西消费经济情况概述

改革开放 40 多年来，广西消费经济可以分为"经济开发阶段、经济成熟阶段、经济高速发展阶段"（见图 1-1），广西消费经济不断发展，广西人民的生活水平有了极大的改善和提高，各方面消费需求得到了满足。在本章，我们将从广西 GDP 情况、人均可支配收入情况、社会商品零售总额情况这三个方面分析广西改革开放以来的消费经济状况。

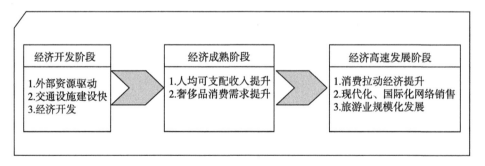

图 1-1　广西消费经济发展阶段

第一节　广西 GDP 情况分析

一、广西 1978—2020 年 GDP 情况

广西 1978—2020 年 GDP 情况如表 1-1 所示。

表 1-1 广西 1978—2020 年 GDP 情况

年份	GDP（亿元）	人均（元/人）	年份	GDP（亿元）	人均（元/人）
2020	22156.70	44700.00	1998	1903.04	4075.91
2019	21237.14	42964.00	1997	2015.20	4356.00
2018	20352.51	41489.00	1996	1869.62	4081.00
2017	20396.25	41955.00	1995	1606.15	3303.68
2016	18245.07	37876.00	1994	1241.83	2772.00
2015	16803.12	35190.00	1993	871.70	1981.58
2014	15673.00	33089.77	1992	646.60	1489.52
2013	14378.00	30588.00	1991	518.59	1210.81
2012	13031.00	27943.00	1990	449.06	1066.14
2011	11714.40	25315.00	1989	383.44	927.30
2010	9569.85	20219.00	1988	313.28	770.30
2009	7759.16	16045.00	1987	241.56	606.79
2008	7021.00	14652.00	1986	205.46	525.48
2007	5823.41	12277.00	1985	180.97	471.27
2006	4746.16	10121.00	1984	150.27	398.60
2005	4075.75	8787.73	1983	134.60	362.91
2004	3320.10	7196.00	1982	129.15	353.95
2003	2735.13	5969.00	1981	113.46	317.27
2002	2455.36	5099.00	1980	97.33	277.77
2001	2231.19	4668.00	1979	84.59	246.18
2000	2050.14	4319.00	1978	75.85	225.34
1999	1953.27	4148.00			

资料来源：广西壮族自治区统计局及网络整理。

二、对广西 1978—2018 年 GDP 情况进行具体分析

1978 年，党的十一届三中全会做出了实行改革开放的历史性抉择，这是影响当代中国命运的重大抉择，由此开启了中国经济快速腾飞之路。至今改革开放已经持续 40 多年，广西壮族自治区不仅在经济发展上取得了重大成

果，还在社会文化、思想观念等方面发生了变化。坚定不移地进行改革开放，让广西壮族自治区的各方面焕发出勃勃生机。让广西经济不断发展，让人民生活更加幸福美满。

（一）经济发展大跨越，广西综合实力大幅提升

从 1978 年改革开放到今天，是中国经济社会高速发展、经济总量（GDP）连续攀升的四十年，同样也是中国综合国力、国际影响力和国际竞争力由弱小走向强大的四十年，更是成功全面建成小康社会，消除绝对贫困，实现从低收入国家迈进高收入国家的四十多年。改革开放是一场影响当代中国命运的历史巨变，四十多年来，我国国民经济日新月异，综合国力和国际竞争力大幅提升。

广西经济增长速度也表现不凡。四十多年的改革开放举措，让广西壮族自治区的经济发展十分迅猛、经济总量已经持续四十多年增长，实现了广西壮族自治区经济实力和综合竞争力由弱变强。1978—2018 年，国内生产总值年均增长约 4.5%，每年都在逐步增长。生产总值从 1978 年的 74 亿元增长到 2018 年的 20352 亿元，广西经济实现质的增长。其中，从 1978 年的 74 亿元上升到 1991 年的 500 亿元用了 13 年，又用了 3 年时间上升到 1994 年的 1241 亿元。广西生产总值在 2011 年突破 1 万亿元大关，此后几年增长迅猛，到 2017 年已达到 2 万亿元。广西人均国内生产总值不断提高，成功实现从低收入地区向中上等收入地区的跨越。1978 年人均生产总值仅有 225.34 元，1990 年达到 1066.14 元，1994 年达到 2772 元，2006 年超过万元大关至 10121 元，2010 年突破 2 万元至 20219 元，2013 年再次突破 3 万元大关至 30588 元，2018 年人均国内生产总值超过 40000 元，在扣除价格因素的情况下，比改革开放初增长 10 余倍，年均增长率超过 6%。广西人均总收入也实现同步快速增长。近年来，广西首府南宁市设立了东盟博览会和北部湾经济开发区，并成为国家级战略开发区。由此，广西成为我国次发达地区的区域经济体，经济增速明显加快，经济发展趋势呈现出巨大的发展势头。

（二）广西交通更加畅通

要想富，先修路。从昔日的"交通小道"到建成面向东盟的国际大通道，广西交通越来越便利，其建设速度可谓是飞速发展。要知道，十多年前，广西还是一个没有直飞东盟国家航班的省份。而截至 2018 年，广西已经开通了 28 条直通东盟的航线，可飞往东盟十国的二十二个城市。为"一带一路"的发展提供了国际航空走廊，便于其发展。

广西壮族自治区刚成立的时候，广西的铁路总干线由三条铁路组成。而改革开放以来，广西就进入了铁路建设的快速发展时期。在初期的建设改造中，广西铁路存在设备基础差、线路等级低、网络通信不发达等问题。广西铁路部门也意识到问题的存在，于 2008 年抓住国家调整全国铁路规划的契机，掀起了以高铁为重点的新一轮建设高潮。2013 年底，广西成为全国第一个开通高铁的少数民族自治区。一年后，横跨贵州、广西、广东三省的贵广客运专线开通运营。截至 2018 年 10 月，广西已开通高铁 7 条，高铁运营里程达 1771 公里，自治区内 14 个设区城市中的 12 个已通行动车。相应地，广西高速公路通车里程超过 5000 公里，高速公路网覆盖自治区内各区市和 89% 的县级节点，对外辐射云南、贵州、湖南、广东等周边省份和东盟国家。

广西还开通了东盟—南宁的友谊高速公路，是我国第一条连接东盟的高速公路，其实现了广西与越南之间的"一日往返"。除了公路、铁路和航线，广西还不断开放对外港口。广西的北部湾港航线就是重要的港口航线之一，其是海上互联互通的重要节点，覆盖了与东盟十国之间的主要港口。广西的北部湾港航线向 100 多个国家和地区的 200 多个港口开放构建了一条延伸至全境的"海上高速公路"。路通，财通，天下通。开放的广西，与世界的距离越来越近。

（三）广西经济开放

广西壮族自治区不仅是少数民族地区、边疆地区，也是沿海开放地区。在改革开放以前，广西地区长期受到战乱影响，国民经济总量十分单薄，经济实力欠缺，外贸经济发展起步困难重重。

通过打开开放发展之大门，广西之前的"劣势"成为得天独厚的优势，好事纷至沓来。2004 年以来，广西首府南宁每年都会举办中国—东盟博览会、中国—东盟商务与投资峰会。习近平总书记在 2015 年两会期间明确指出，广西发展的"三个定位",为广西加快形成对外开放合作新格局指明了方向。

广西紧紧抓住这一千载难逢的机遇,按照"南、北、东、西"合作,形成全方位开放发展新格局。太平航务执行董事长张松声提出,"广西是'一带一路'有机对接的重要门户"。2015 年,太平航务与广西北部湾国际港务集团、新加坡 PSA 国际港务集团合资成立北部湾国际集装箱码头公司;2017 年,太平航务签约建设中新南宁国际物流园,总投资 100 亿元。

(四)广西对外贸易

改革开放 40 多年来,广西得到了来自世界各个国家、各种企业的投资,说明广西的改革开放在对外贸易方面取得了显著的发展。广西收到了越来越多世界 500 强企业的投资。广西利用从无到有的投资,进行发展。如今已经先后利用来自 90 多个国家或地区的投资,设立了外商投资企业 1 万多家。合同外资总额多达 400 亿美元,实际利用外资近 200 亿美元。

2017 年 12 月,广西北部湾港口集团与广西盛隆冶金共同出资建设了马中关丹工业园。该工业园的首个项目——钢铁项目顺利投产,年产达 350 万吨。被商务部认定为国际产能合作示范性项目。据统计,该集团在马来西亚进行了投资,投资总额超过 100 亿元,在文莱进行的投资超过 20 亿元。40 多年来,广西企业"走出去"的步伐不断向前迈进,并且不断加快速度,踏遍了五大洲的 70 多个国家和地区。

北部湾两岸,千帆竞发。"一带一路"国际陆海走廊和"21 世纪海上丝绸之路"为广西新一轮的开放带来了巨大了能量和动力。在短短一年多的时间里,广西壮族自治区一共开通了 800 多条线路,运营线路扩大至 8 条。

走在对外开放前沿的广西,对外贸易再上新台阶:外贸进出口总额在 1991 年首次冲破 10 亿美元,在 2008 年更是首次突破 100 亿美元。2017 年达到 572.1 亿美元,居全国第 13 位。广西的第一大贸易伙伴为东盟,已经连续 17 年位居首位。2017 年双边贸易额达 280.77 亿美元,占进出口总额的 49.1%。

改革开放 40 多年来,广西除了在对外贸易方面取得突出成就,在文化交流等诸多领域也取得了举世瞩目的成就。从外贸的"出类拔萃"到诸多领域的"遍地开花",广西的对外开放道路越走越宽广。

在一年一度的中国—东盟博览会暨峰会上,"南宁渠道"是被提及的"高频词",这是一条利用中国—东盟博览会和中国—东盟商务与投资峰会,将峰会及其系列活动作为重要的平台,建立起中国与东盟各国政治、外交、经贸、人文等全方位、多层次、宽领域的合作交流通道。

多年来,出席中国—东盟博览会和商务与投资峰会的中国和东盟国家领导人一共有79位,部长级贵宾3100多位,客商多达74.6万名。中国—东盟博览会和峰会一共举办了240多场会议论坛,涵盖了40多个领域,建立了多领域合作机制,促使一大批重大项目的开展和实施。中国—东盟博览会不仅促进了广西的经济发展,还加深了中国与东盟各国的合作关系。不仅如此,从2006年开始,广西还一直在举办广西北部湾经济合作论坛,促使和推动北部湾、大湄公河次区域、中越"两廊一圈"等多区域合作项目,形成一系列广泛的北部湾合作成果。

如今,广西壮族自治区已经与97个国家建立了友好的关系,一些国家在广西南宁建立了领事机构,主要有越南、老挝、柬埔寨、缅甸、泰国、马来西亚;东盟十国、日韩商务联络部也已经建成使用;中国—东盟信息港建设如火如荼,目前已建成投产项目30个。广西与各国的深入交流与合作,让广西走了出去,为更多的国家人民所熟知,各国人民对广西也日益了解和喜爱。据了解,2001年以来,来广西的留学生日益增多,其中来广西留学的东盟学生每年都会增加10%以上,广西已然成为中国地区东盟留学生最多的地区之一,其东盟留学生已经达到万名。

潮起海天阔,扬帆正当时。广西的开放开发大潮,正风起云涌!

第二节　广西人均可支配收入情况分析

一、广西1978—2020年人均可支配收入总体情况

广西人均可支配收入如表1-2所示。

表 1-2 1978—2020 年广西人均可支配收入

年份	全区人民可支配收入绝对数（元）	城镇居民人均可支配收入绝对数（元）	农村居民人均可支配收入绝对数（元）
1978 年	154	289	119
1979 年	178	390	146
1980 年	210	455	173
1981 年	243	460	203.9
1982 年	259	427	235
1983 年	277	444	262
1984 年	333	563	267
1985 年	397	683	303
1986 年	425	784	316
1987 年	532	899	354
1988 年	582	1159	424
1989 年	678	1304	483
1990 年	780	1448	639
1991 年	819	1614	658
1992 年	921	2104	732
1993 年	1108	2895	885
1994 年	1304	3981	1107
1995 年	1986	4792	1446
1996 年	2189	5033	1703
1997 年	2543	5110	1875
1998 年	2602	5412	1972
1999 年	2895	5620	2048
2000 年	3013	5834	1865
2001 年	3528	6666	1944
2002 年	3954	7315	2013
2003 年	4102	7785	2095
2004 年	4532	8177	2305
2005 年	4869	8917	2495
2006 年	5352	9899	2771

续表

年份	全区人民可支配收入绝对数（元）	城镇居民人均可支配收入绝对数（元）	农村居民人均可支配收入绝对数（元）
2007 年	6613	12200	3224
2008 年	7839	14146	3690
2009 年	8655	15451	3980
2010 年	9738	17064	4543
2011 年	11053	18854	5231
2012 年	12644	21243	6008
2013 年	14082	23305	6791
2014 年	15557	24669	8683
2015 年	16873	26416	9467
2016 年	18305	28324	10359
2017 年	19905	30502	11325
2018 年	21485	32436	12435
2019 年	23328	34745	13676
2020 年	24562	35859	14815

资料来源：广西壮族自治区统计局及网络整理。

二、广西 1978—2020 年人均可支配收入情况分析

改革开放 40 多年来，广西人民的生活发生了翻天覆地的变化。从工资角度来讲，数量越来越可观。

1978 年全国职工年均工资为 615 元，平均月工资为 51 元。广西人民年平均可支配收入为 154 元，平均月工资为 17 元。当年北京市每人每月最低生活费需 7 元。当时的 7 元可以买到 53.8 斤大米，或者 8.24 斤猪肉。

1985 年全国职工年均工资为 1148 元，平均月工资为 96 元。广西人民年平均可支配收入为 397 元，平均月工资为 34 元。当时上班族中工人绝对是最风光的职业，尤其是石油工人和煤矿工人，也就是重工业领域，月工资一两百的都有。

1990 年全国职工年平均工资为 2140 元，平均月工资为 178 元。广西人民

年平均工资为 780 元。当时，茅台 100 多元一瓶。

1995—2000 年全国职工的年均工资为 9371 元，平均月工资为 781 元。当时，100 元能买 100 斤大米或 18 斤猪肉，也可供一个大学生朴素地生活半个月。

2007 年，全国城镇单位在岗职工平均年工资为 24932 元，平均月工资为 2077 元。是 1978 年的 40.5 倍，年均增长 13.6%。广西人民平均年工资为 6613 元，是 1978 年的 43 倍。

1978 年，广西城镇居民人均可支配收入为 289 元，农村居民人均可支配收入为 119 元。到 1988 年，广西城镇居民的人均可支配收入已经超过 1100 元，农村居民人均可支配收入也增长了接近 4 倍，达到 424 元。到 1992 年，城镇居民可支配收入为 2104 元，农村居民人均可支配收入为 732 元。到 1994 年，广西农村居民人均可支配收入突破千元大关，达到 1107 元。此后，人均可支配收入持续增长。到 2007 年，广西城镇居民人均可支配收入高达万元，达到 12200 元，农村居民人均可支配收入达到 3224 元。到 2017 年，城镇居民人均可支配收入已经达到 3 万元，为 30502 元。到 2020 年，城镇居民人均可支配收入为 35859 元，农村居民人均可支配收入为 14815 元。

历经 40 余年，广西人均可支配收入在数量上发生巨大的增长。人民生活富裕起来。随着人民收入的增多，人民的消费也在日益增长，居民对消费也有了更高层次的追求。人民对具有身份象征意义的产品产生了意识和浓厚的兴趣，消费者也具备了高档产品消费的能力，广西消费者对高档产品消费的态度和情绪越来越高涨。随着科技迭代带来的居民消费热情和产品升级，各种消费层出不穷。

40 年来，广西壮族自治区始终坚持推进发展的根本之路是扩大开放，制定开放发展的驱动型战略，积极参加"一带一路"建设，在实践中提高广西的对外开放水平与层次。尤其是在接连成功举办十五届中国—东盟博览会和商务与投资峰会之后，政府积极推动大量中国—东盟合作项目落户广西。在"一带一路"建设的带动和推动下，连接东盟的陆海贸易新通道的建设也加快了进程。广西在顺应发展潮流和满足人民群众日益增长的对美好生活的向往和追求的同时，坚持把增进人民福祉、促进人的全面发展、促进人与自然和谐相处作为政府一切工作的出发点和落脚点，不断推动广西经济和对外贸易的发展，全面提升广西各个民族的幸福感、奋斗感和满足感。在 2017 年的统计报告中，广西城镇和农村居民的人均可支配收入分别达到 3 万元和 1 万元，相较 1978 年的水平，分别增长了 105 倍和 94 倍。尤其是广西按照中央的总部署和总指挥，全面依法进一步推动脱贫攻坚战的进程，在 1980 年，广西农村的贫困总人口高达 1920 万人，而到 2017 年缩减到了 267 万人，同时广西全区的贫困发生率也锐减到 5%。除此之外，2017 年广西民生领域财政支出占比超过 80%，广西各族人民实现了"幼有所育、学有所教、住有所居、病有所医、老有所养、弱有所扶"。

第三节　广西社会商品零售总额分析

一、广西 1978—2020 年社会商品零售总额情况

广西社会商品零售总额如表 1-3 所示。

表 1-3　1978—2020 年广西社会商品零售总额

年份	绝对数（万元）	指数（上年＝100）
1978 年	335918	
1980 年	457228	117.9
1985 年	886005	129.1
1992 年	2436189	121.7
1993 年	3136905	128.8
1994 年	3957947	126.2
1995 年	4919345	124.3
1996 年	5623946	114.3
1997 年	6171840	109.7
1998 年	6699356	108.5

续表

年份	绝对数（万元）	指数（上年＝100）
1999 年	7191902	107.4
2000 年	7777957	108.1
2001 年	8435005	108.4
2002 年	9206357	109.1
2003 年	10286618	111.7
2004 年	11675341	113.5
2005 年	13373878	114.5
2006 年	15355179	114.8
2007 年	18240974	118.8
2008 年	22522647	123.5
2009 年	26114597	115.9
2010 年	30834656	118.1
2011 年	36184000	117.3
2012 年	41622469	115
2013 年	47086520	113.1
2014 年	52693426	111.9
2015 年	57714969	109.5
2016 年	63497565	110
2017 年	70379797	110.8
2018 年	76635181	108.9
2019 年	82008671	107
2020 年	78310100	95.5

资料来源：广西壮族自治区统计局及网络。

二、广西 1978—2018 年社会商品零售总额分析

自治区成立 60 年来，特别是改革开放 40 年来，广西商贸流通领域发生了翻天覆地的变化。在国家扩大内需，刺激消费等各项改革的推动下，广西

深化流通领域改革，消费品市场蓬勃发展，市场规模不断扩大，经济发展势头持续稳中向好，供给侧结构性改革持续深入进行，人均收入与国家经济增长保持同步，经济增长的主要动力仍是消费，整个消费品市场的业态构成、商品结构、区域结构等参数持续调整优化，消费热点不断涌现，形成了多层次、多业态、多种经营模式并存的新市场网络和流通格局。

做调查报告，我们通常用社会消费品零售总额来反映消费品市场的发展水平与规模。广西社会消费品零售总额在 1978 年是 335918 万元，而到 2018 年增长到 766351.8 亿元，年均增长值达到 1000 亿元。如今物质产品类型的丰富和完善，使得与民生息息相关的基础生活类产品零售总额增长较快，人民大众的生活需求得到基本满足。2018 年，限额以上单位粮油食品、饮料烟酒以及服装类商品的零售额分别达到 22035 亿元和 14557 亿元，相比 1978 年食品和服装类商品的零售额，增长了 34 倍和 52 倍，年均增长率为 9.4% 和 10.7%。改革开放为中国国内市场的高速发展提供了从未有过的广阔空间，国内消费总量持续性扩大。所面向的市场供求格局也发生了翻天覆地的改变，之前商品短缺和需要凭证购买与供应的时代早已一去不复返。

（一）商业流通体制发生巨大变化，现代化的流通格局基本形成

自治区成立初期，逐步确立了国有企业在市场上的领先地位。通过一系列调整和完善，形成了国有企业、合作企业、民营企业、个体工商户等多种经济成分并存的商品流通体系，确保全区城乡居民基本生活消费品的供应，商业网点已初步建立。但从 1958 年到 1978 年，商业机构和流通渠道多次撤出、合并和调整。国有企业和供销社垄断了整个流通领域，流通渠道单一，商品供不应求，服务质量下降，排队购物现象十分普遍。

党的十一届三中全会以后，广西企业进入发展的新时期。1978—1992 年，广西极力推进计划经济体制逐步向市场经济体制转变，个体等非公有制经济日渐活跃，商品供应不断得到改善，农副产品和工业品基本放开，市场机制在资源配置中的基础性作用得到加强，竞争机制、风险机制和约束机制在流通企业开始建立，形成了以国有商业为主导的多种经济成分、多种经营方式、多条流通渠道的商品流通体制。1993—1999 年，广西商业流通体制进入了继续深化改革阶段，根据"抓大放小"方针，通过联合、兼并、参股等产权重组，组建大型流通企业集团，对中小型企业采取股份合作制、承包、租赁、出售、兼并等形式，全面实行放开经营，个体和私营经济蓬勃发展，形成了多种经济成分、多种经营方式相互竞争的流通格局。

2000 年以来，尤其是中国加入了世界贸易组织后，广西的企业，特别是流通型企业的股权结构、企业组织架构、企业经营过程均发生了重大变化。便利店、连锁店、超市、品牌专卖店和仓储式商场等都发生了翻天覆地的变化。流通业务的快速发展，形成了市场网络和多层次、多形式、多种经营方式并存的流通新格局，为促进市场繁荣和国民经济社会发展做出了积极贡献。21 世纪突破最大、发展最快的领域要数信息技术领域，其带来了网络技术的飞速发展，提高了各行业各领域的信息处理能力，提高了流通效率和生产经营能力，缩短了企业与消费者之间的距离。网络技术在零售领域的应用，给零售业带来巨大挑战和风险的同时，也给零售行业带来了巨大的变化，孕育了新的零售业态，打破了时空界限和经营规模的限制，模糊了业务经营的边界，大大降低了经营成本。现代化流通格局的形成，充分释放我国居民巨大的消费潜力，实现消费需求与经济增长之间的良性循环，增强经济发展的内生力量和持久动力。

（二）消费品市场发展迅猛，年均增速达两位数

自治区成立 60 年来，广西消费品市场发展迅速，流通规模不断增长。这从数据中可以看出，2017 年，社会消费品零售总额达到 7813.03 亿元，比 1958 年的 10.63 亿元增长 734 倍，年均增长 11.8%，年均增长两位数。

步入改革开放后，广西消费品市场发展提速。居民财富经过不断积累，已经达到一定的规模，广西消费者购买力有了大幅提升，且随着消费观念的逐渐改变和消费能力的提高，逐步进入释放期。2017 年社会消费品零售总额比 1978 年的 33.59 亿元增长了 232 倍，1979 年到 2017 年年均增长 15.0%，比 1958—1978 年加快 9.1 个百分点。

（三）城乡居民消费水平不断提高，消费结构升级

改革开放以来，国民经济和社会发展取得巨大的成就，给城乡居民生活带来了巨大的变化。人均收入大幅提升，市场供求趋于平衡，一般商品供大于求，人们的消费水平稳步提升。随着社会进步，网络零售等新形态的平台快速成长，市场结构不断调整，政府给予大力支持和改善措施，消费品市场继续保持稳步增长态势，消费者追求品质消费、绿色消费等，消费水平不断变化，市场不断迎合需求偏好，市场局面欣欣向荣。促进了城乡消费持续较快增长，消费对经济的拉动效应进一步显现。

分城乡看，2017 年城镇实现社会消费品零售额 6874.20 亿元，比 2010 年增长 2.4 倍，年均增长 13.1%；乡村社会消费品零售额实现 938.83 亿元，增长 2.3 倍，年均增长 12.4%。2009 年城市实现社会消费品零售额 1667.15 亿元，比 1978 年增长 258 倍，年均增长 20.3%；县级及县级以下农村社会消费品零售额实现 1123.55 亿元，增长 41 倍，年均增长 13.2%。

当今中国消费品市场处于日新月异的发展过程中，产品的更新换代明显。改革开放之前公认的高档消费品"手表、自行车、缝纫机"，现在已经被"电冰箱、电视机、洗衣机"替代。进入 21 世纪以来，中国的居民消费结构发生了前所未有的变化，最明显的是，从实物类产品消费转向服务类产品消费，如从衣食住行等看得见的消费到旅游、教育、医疗保健等。居民消费从实用型消费逐渐过渡到享受型和品质型消费，消费者愈发重视质量和品牌。如从日常用品消费到更多的追求爱好消费，装饰打扮类消费增加，消费者的品牌意识逐渐增强，购买商品时会注重品牌的选择。2001—2017 年，全区通信器材类商品零售额年平均增长 9.7%。

（四）商品市场建设日趋完善，消费便利化程度明显提升

到目前，广西商品市场建设、经营和管理已经逐渐完善，消费者的购买需求得到满足，购买途径更为便利。广西市场已经形成了大型综合市场和专业型市场相结合、有形线下市场和无形线上市场共存，多层次、全方面、多种类的商品市场体系。1979 年广西城乡贸易集市为 1531 个，到 2017 年增加到 2413 个，增长 57.6%，极大地推动了广西居民的消费购物的便捷度。亿元大宗商品交易市场已成为整个大宗商品交易市场的龙头、核心和支柱，具有强大的辐射、示范和引领作用。2017 年广西亿元商品交易市场有 86 个，交易额达1052.69亿元，与2002年相比市场数量增加了26个，成交额增加了4.6倍。

（五）商品流通业态向现代化和国际化迈进，结构不断优化

广西注重吸取教训，总结先前物流发展的不平衡、不顺畅的根本原因，吸取国内外商品流通经验，极力推动商品多元化、现代化发展。城区、城乡零售市场呈现多元发展态势，结合时代的技术，开展线上线下多模式结合，各种商品市场——购物商场、超市、批发市场等各种零售业态并存，相得益彰。超市、连锁店和专卖店的商品销售额大幅增长，在广西区内零售业发展中的地位越来越重要，特别是有关连锁商务的高速发展。2017年，广西壮族自治区有82家限额以上连锁企业，连锁门店总数高达5904家，总销售额突破847亿元，其中零售占比超过50%，为496.34亿元。连锁企业零售额在全部社会消费品零售总额中的占比达到6.4%。连锁商务的经营领域和经营范围延伸到食品行业、百货行业、医疗保健行业、学习图书行业、石油行业等。此外，还建立了多个拥有国际管理经验和管理模式的超大型购物多业态中心，这种大型商业集合体集购物活动、娱乐活动、休闲活动、餐饮和文化活动为一体，极大地方便了居民的日常生活，一定程度上满足了消费者追求美好生活的愿望。

（六）住宿和餐饮服务业的高速发展，满足现代化生活需求

随着广西城乡居民生活水平的不断攀高，居民的消费习惯和观念也发生了变化。旅游餐饮消费增加，特别国家实行是"黄金周"假期制度，全国星级酒店和快递行业的快速发展，极大地促进了广西城乡居民生活水平的提高。推动着酒店、住宿和餐饮业的快速发展。2017年，广西全区住宿餐饮服务业的零售总额达到279亿元，相比1978年增长了438倍，平均年增长率为16%，比同期社会消费品零售总额年均增速高1.4个百分点。广西区内住宿餐饮服务业的产业规模和质量都得到了明显提升，相关的消费、卫生和服务水平也随之提升。其中婚庆、商务活动和旅游度假的主要住宿餐饮场所为中、高档酒店。另外快餐业以学生和上班族工作饮食为主，也得到了迅猛发展，并带动了整个中式快餐行业的高速发展，适应了现代生活的快节奏，满足了市场的需求。

（七）旅游业大发展，产业规模增长明显

广西旅游资源极其丰富，自然、人文和社会旅游资源门类齐全，分布广泛，是我国旅游资源大省之一。截至 2017 年底，全区共有 A 级旅游景区 422 家，其中 AAAAA 级旅游景区 5 家，AAAA 级旅游景区 173 家，AAA 级旅游景区 230 家，AA 级旅游景区 14 家。国家级自然保护区 23 个，国家级森林公园 22 个。

改革开放以来，特别是近几年来，广西壮族自治区党委、政府加大旅游业扶持力度，在支持和促进旅游业发展方面先后出台了一系列文件，推出了诸多重要举措，全区呈现出旅游业持续较快增长，规模不断扩大，对经济增长作用不断增强的态势。2017 年全区实现旅游总消费 5580.36 亿元，是 1990 年的 553.1 倍，年均名义增长 26.4%，比同期广西生产总值增长速度高 11.2 个百分点。其中国内旅游消费 5418.61 亿元，是 1990 年的 842.7 倍，年均增长 28.3%；国际旅游消费 161.75 亿元，是 1990 年的 44.2 倍，年均增长 15.1%。2017 年，国内旅游人数达 51812 万人次，是 1990 年的 95.0 倍，年均增长 18.4%；国内游客人均花费 1046 元，是 1990 年的 8.9 倍，年均增长 8.4%；入境旅游者达 512.4 万人次，是 1990 年的 9.9 倍，年均增长 8.9%。配套设施不断完善和壮大，旅游接待能力逐年提高，服务质量明显改善。到 2017 年底全区拥有旅行社 830 家，旅游星级宾馆饭店 457 家，旅游部门的职工人数达 81344 人，分别比 2000 年增长 194.3%、182.1% 和 31.9%。旅游业具有高度综合性、高度联系性和高度刺激性。它在政治、经济、社会、文化等重大领域中不断凸显着自己强大的发展活力，对中国国民经济和经济社会的发展做出突出贡献。旅游产业是促进增长与消费、协调结构、普惠民生的重要产业。

第二章 "三月三" 国际民歌节：全球化视角下的壮族消费文化

第一节 "三月三" 的历史概述

一、"三月三" 的孕育与形成

早在春秋战国之前，就已经出现了例如"沐浴祭祀""男女相携出行"等春天出游的活动，这些传统风俗习惯为后续汉朝的三月上巳节做了铺垫。经过数千百年的演变发展，在历史的舞台上，汉朝的"三月三"逐渐成了一个重要的节日。从春秋战国到汉朝，"三月三"逐渐成为一个拥有独特名称、确切日期和相对确定的庆祝仪式的节日。

（一）"三月三" 的萌芽时期：汉朝以前

汉朝以前是"三月三"的萌芽时期，这一时期孕育了许多后世"三月三"的节日习俗，代代相传至今。节日习俗中较有代表性的三大活动为春季沐浴、高禖祭祀、男女相会。从记载中得知，参与沐浴的人数较多，一般为多人或和三两姐妹一起，可以看作多人参与的团体活动。从沐浴活动的地点来看，一般不是在室内，那时候人们通常会在野外的河流中进行相关的沐浴活动。总的来看，至少在夏商时期人类就有了团体性的野外沐浴活动了。

大家耳熟能详的一句出自《论语》的话："莫春者，春服既成，冠者五六人，童子六七人，浴乎沂，风乎舞雩，咏而归。"也记载了古代人民春季出游沐浴的习俗。可以看出当时春季沐浴已经成为一种风俗活动，贵人百姓都十分喜爱。有资料记载，这种风俗活动还与祭祀活动联系紧密，古人是在用这些方式祈求下雨。总之，可以看出沐浴含有一定的宗教成分。先秦时代，春季出游活动也十分丰富。有资料记载，古人在冰雪消融后的春季，男男女女会在河边嬉戏打闹、互赠礼物，场面十分热闹。然而，除了在河边嬉戏玩耍，春季野合的习俗在古代男女之间也颇为常见，并且还有专门进行此活动的场所——俗称"桑中"。

不管是男女在河边嬉戏打闹还是野合习俗，都与高禖祭祀有一定的联系。在古代，高禖被认为是主管婚姻与人类生存繁衍的神，因此祭祀高禖主要是为了求婚姻和求子。天子对高禖进行祭拜也是在祈求皇家子嗣绵延不绝。民间与皇家的祭祀活动稍有不同，在祭祀结束时，通过野合的方式来祈求子嗣，更为直接且不受约束。汉朝之前的这些活动为上巳节的出现做了充足的准备工作，汉朝上巳节的形成已具备前提条件。

（二）汉朝上巳节的成型

两汉时期，上元、上巳、伏腊、至日、社日是这个时期所实行的五大节令，由此可以看出，上巳作为五大节令之一，是当时人们比较重视的日子。有固定的活动日期是节日形成的关键，故汉朝将上巳节节期定于农历三月上巳之日成为了"三月三"发展历程中重要的环节。汉朝在每年三月上巳这一天，在水边进行祭礼，以消除不详，并且还开始举办大型的盛会进行庆祝活动。

汉朝上巳节的主要活动是水滨祓禊——在水边举行祭礼，洗去污垢、去除不详。水滨祓禊也具有浓厚的祈求子嗣的意味，其凸显了除灾祈子等具有祭祀色彩的节日文化内涵。其参与者广泛，没有限制，男男女女、不论尊卑贵贱的平民百姓都可参与。汉朝的三月上巳日，除了在水边举行祓禊活动，还会举行隆重的饮宴，以宴请宾客。然而，从整体而言，汉朝"三月三"的风俗活动还是较为单薄，虽然会有人宴请宾客但还是少数，主要活动还是水滨祓禊。

前文已经指明，上巳节是人人都可参与的节日，其中不乏俊男和美女，上至帝王、官员下至平民百姓都会参与其中。另外，还值得一提的是，除了水滨祓禊这一重要的、标志性的活动，在封建官僚、官员阶层还出现了一些形式新颖的活动形式，其成为后来节日习俗的萌芽。在上巳节这一天，皇家官员们拿着美酒佳肴到水边，水上还时不时出现漂浮的果子。在水边还会举行祭祀土地的活动。达官贵人们在水边饮酒作诗、追忆古昔等，这与后世文人墨客所喜爱的曲水流觞活动有着异曲同工之妙。

简而言之，在汉朝"三月三"已形成了有固定日期、标志性风俗的活动，节日性质盛大，全民参与的情况下，为后续"三月三"节日的成熟完善和兴盛发展打下了巩固的基础。

二、"三月三"的成熟与兴盛

秦朝、汉朝之后，三月上巳节继续发展和完善。直至魏晋南北朝和唐朝时期，"三月三"节日就已经发展成熟，迎来了一个兴盛时期。这一时期，人们不仅仅将"三月三"节日固定为农历三月初三，并在此基础上衍生出新的节日习俗和宴请、娱乐活动等。各种节日内的活动逐渐制度化，由此迎来了"三月三"繁盛时期。

（一）魏晋南北朝时期的"三月三"：节日日期的固定和节日习俗的娱乐化

魏晋南北朝时期是"三月三"走向成熟的时候，其具体表现为当时出现了许多以"三月三"为题目文学作品。这一时期与前面的上巳节相较已发生了重要变化：一是节日日期的固定，由农历三月上巳日确定为农历三月三日，并一直留传至今；二是节日习俗的转变，各种庆祝活动层出不穷。

魏晋南北朝时期，政权的不断更迭，佛教的传入和道教的兴起等思想的交织和冲突，还有一些文化的渗透和融合等，给"三月三"节日的发展带来了诸多思考。当时上巳日是不固定的日期，由于古人计算日期的方法，上巳是会随干支纪日法而变动的，因此，每年三月的上巳日也会有所变化，为节日的开展带来许多不便。由于巳日与三日十分接近，人们最终将上巳定为三日。除此之外，还受到当时所盛行的新思潮的影响。魏晋南北朝时期，"三生万物"的哲学思想在当时广泛流传，被多数人所接受。此时盛行的思想也是将上巳定为三日的重要契机之一。

在该时期，风俗活动与汉朝相比发生了较大的改变，水边的活动大多转变为曲水活动。曲水活动在魏晋南北朝时期十分流行，主要包括熟知的曲水流觞，还有曲水浮枣、曲水会等。最为盛行的当属曲水流觞，被后世广为流传。随着曲水活动在人民日常生活中的日益开展和渗透，水滨祓禊活动开始走向衰落，节日祭礼成分逐步减少，娱乐性质逐步提升。

曲水流觞是从晋时才开始有记载的，当时曲水流觞和祓禊活动是同时存在的，到了魏晋南北朝曲水流觞开始成为潮流，当时的文学作品有大量记载。从大量的诗作等文学产物可以看到，晋时曲水流觞的活动处于诞生阶段，当时的水边活动还有着汉朝活动的痕迹。同样，南北朝时期对曲水活动的大量的诗歌描述，足以可见活动之盛，而曲水流觞则作为当时节日活动的象征性符号。

除了曲水流觞，曲水浮卵与曲水浮枣也是魏晋南北朝时期流行的曲水活动。"曲水浮卵"与"曲水浮枣"虽然带有显著的祈求子嗣的意味，但是通过诗人轻松畅意的诗句可以看到两者都是作为一种娱乐性质的游戏进行，不似汉朝带有神圣庄严的宗教祭祀性质的活动。由此可见，曲水活动娱乐性质的逐步加强，曲水流觞活动逐渐成为"三月三"民俗活动的代表。

除此之外，南北朝还会在水边举行以大型的歌舞表演游戏为主的曲水会，以供人们娱乐玩耍。无论是曲水活动还是曲水会，人们都从从前的祭祀求子的庄重氛围解脱出来，专注于对生活的向往，进行更多的娱乐项目。

总之，在魏晋南北朝时期"三月三"的发展有了跨越式的进展：节期固定为农历三月三；节俗活动转为更为丰富的娱乐性质活动，如曲水流觞等曲水系列活动尤为盛行，改变了汉朝以严肃带有目的性质的祭祀活动。

（二）唐朝"三月三"：新节俗的涌现和节日宴请、宴饮制度的形成

唐朝的"三月三"延续了魏晋南北朝时期三月三的风俗习惯，并进行发展。自从"三月三"在魏晋南北朝建立节日以来，继续节庆节日的习俗，唐朝的"三月三"相比魏晋南北朝时期也有了新的发展。在唐朝时期，不仅仅涌现出例如野外郊游、竞渡等新的节日，而且宴会习俗也得到了制度化的发展。唐朝"三月三"出现了许多新节俗，其中，最具代表性的两项活动便是踏青郊游和竞渡。

关于踏青，唐朝即有此俗。有诗歌记载："三月三日踏青。"唐人十分喜爱赏春郊游，在当时的文学作品中得以看出当时踏青活动的流行。需要指出的是，踏青这一活动不只是在"三月三"当天才会进行，有时候也会在农历二月进行。在当时，踏青活动在时间上不固定，但深受大家喜爱。

除了赏春观景的踏青，唐朝的"三月三"还出现了一个比较流行的活动——竞渡。与魏晋南北朝时在水边的曲水系列活动不同，不再是安静悠闲地待在水边进行一些流殇之类的游戏，而是更富活力和娱乐性地将活动转移至漂浮在水上的装饰华美的船上。船成为唐朝人新的活动地点，人们在船上大摆宴席进行赏赐、尽情饮酒奏乐、游玩赏景，颇为壮观。达官贵人会于"三月三"在船上进行活动，而没有上船的官员和百姓们则会参加竞渡活动以参与到"三月三"的风俗当中去。

到唐朝，"三月三"的水滨活动已经悄悄转变为在河流上以木船和竹筏为主要载体的水上活动。河流上密密集集的鼓声和慷慨激昂的竞渡场景，不仅使"三月三"有了浓厚的节日氛围，大大激发了人们参与节日的兴趣，还为"三月三"增添了不少欢乐色彩。

唐朝除了踏青、竞渡以及在船上游玩的活动，还出现了射击、戴柳等诸多新奇的节日习俗活动。这些新习俗的大量出现受到很多因素的影响，一方面与唐朝社会治安稳定、经济繁荣发展有很大的关系，唐朝社会政治经济文化空前繁荣，开放包容的环境使得大量的风俗活动开展得十分顺利；另一方面，唐朝人们开始享受生活，更加亲近大自然。唐人富有活力，对竞技游戏尤为热爱，开展了激情四射的竞渡、竞射等竞技活动，激发了人们对生活的热情，不仅体现了唐人乐观豁达的心态，更展示出唐人热爱大自然、享受美好时光的积极向上的生活方式。此外，唐人聪慧的头脑、活跃的思维和勇于探索创新的能力也是民俗活动快速繁荣发展必不可少的影响因素。从唐人将流行了几百年的饮酒文化转变为饮茶文化就足以看出唐人勇于探索创造和开拓的精神。

关于上巳宴赏，在魏晋南北朝时期已非常繁荣，这种情况一直持续到唐初。直到唐朝中期以后，统治者才予以重视，"三月三"宴会的制度化便是在唐朝德宗时期形成的。当时，除了举行全国性的宴会，国家还为官员们提供了节日的花销。唐朝在"三月三"宴会和奖励活动上发布了一系列法令法规和其他形式的法律文件。一方面，这反映了唐朝时期官府对于"三月三"节日宴请游会和奖励活动的重视；另一方面，它也象征着世代统治者尝试逐步完善宴会奖赏体制。

唐朝时期统治者特别重视"三月三"节日并将节日宴会相关习俗制度化的原因与他们强大的政治目标密切相关。在整个魏晋南北朝至唐朝，从节日的确定，节日娱乐之路的开放到节日的不断丰富甚至制度化，足以表明"三月三"逐步走向成熟与繁荣。

三、"三月三"的地方民族化

历经了魏晋到唐朝的巅峰时期后，宋朝"三月三"节日逐渐开始民族化和地区化。有关"三月三"的文学作品和文献记载陆续减少，官府对于"三月三"节日的重视度断崖式下降，一段时期官府甚至取消了"三月三"节日放假的规定。从那时候开始，"三月三"逐步退出了中原地带，仅仅在少数民族还有所留存，但是节日习俗分化且地域性色彩日益明显。

到了宋代，"三月三"节日逐渐消失在人民的生活中。在记载宋代民俗的文学作品中对中秋、端午等许多传统节日都有记载，但没有对"三月三"的风俗进行描述。可见，对于宋代人来说"三月三"已经不那么重要了，"三月三"的传统节日活动他们少有参与，而是更为乐于谈论热闹喧哗的朝拜活动。即使在宋朝仍然有少数的文学作品以"三月三"为题材，但是明显不如唐朝时期。当时人们主要是对春天的美景美食进行描述，以体现怀古伤今、热爱生活和享受人生的态度。只是很少再涉及"三月三"的活动——踏青、竞渡等。即使有诗句对春天表达了美好向往之情，提及荡秋千的习俗，该习俗也是清明节的习俗活动，而很少有诗句提及"踏青"等"三月三"活动的字眼。也有诗句暗示了对踏青出游这一天热闹景象的描写，可以看出对"三月三"热闹场景的怀念和回味。

宋代文学最多的还是对春天景色的赞美，借景抒情、以景怀乡等，但都未提及"三月三"活动，宋人也没有创造出新的节日活动。可以看出，"三月三"在宋人心中的分量已经微乎其微了。一些诗人回想起现在和过去，回想起当年"三月三"活动的盛况，隐约可见北宋初期"三月三"官员们的踏青和游园活动。

不仅从宋代民间对"三月三"相关文学作品等记载减少可以看出该时期对"三月三"重视度和关心度急剧下降，还可以从官方对该节日的态度和行为看出"三月三"在宋代的衰退。与唐朝为"三月三"设定的奖赏制度、法律措施和假期相比，宋代对"三月三"的态度冷淡，失去兴趣，还逐渐取消了"三月三"的放假规定和一系列相关制度。

在宋朝，关于节日的某些方面仍延续了唐朝的规制，设立了一天的法定假日。而后到了辽金时代和元朝，关于"三月三"的假日规定和其他节日习俗等基本上再没有出现在官府的正式文件中。元朝的岁时活动大体上延续了汉族的传统习俗，元人的元旦、元宵、端午、清明等均是汉族的传统节日，但是再也找不到"三月三"节日的踪影。

相比唐代统治者将"三月三"设立为"三令节"之一并且大行赏钱赐宴的政策法规，从元朝不再将其设定为法定节日的情形中可以明显看出元朝统治者对"三月三"的重视度锐减。"三月三"节日在官府眼中的关注度日益降低也侧面反映出"三月三"节日在官府、贵族阶层中的落寞和低迷。不仅如此，在民间关于"三月三"的活动同样减少。宋朝之后，"三月三"不仅没有得到官府的关注和重视，同样也没有得到民间的关注和重视。民间关于"三月三"活动的数量逐渐减少。宋朝到清朝时期，节日习俗发生了一些变化，节日系统得到更新，端午、中秋等传统节日的地位得到提升，但"三月三"再也回不到那个汉唐时期轰轰烈烈、家喻户晓、全民参与的地位了，即便民间偶尔举办一次修禊活动，人们也已经无法理解这一活动的真正含义。"三月三"节日的深刻内涵被人们遗忘了。

不但"三月三"的文化意义被人们遗忘了，连节日习俗也逐渐分化。《契丹国志》一书中记载了辽国"三月三"日驾马骑射的传统习惯，契丹部族曾是以游牧打猎为生的草原部落，所以他们入主中原后在"三月三"节日中增添了具有游牧民族特色的活动，如驾马、游猎作活动。《清嘉录》中记载了清朝苏州地区的风俗，其中关于"三月三"节日的表述有："三月三"日那天，家家户户会将荠菜花放在灶台上，用来驱除虫蚁。但不管是"驾马游猎"还是"荠菜驱虫"都和传统"三月三"的节日习俗"祓禊驱疾、高禖求子、曲水流觞"大相径庭。"三月三"节日被融入了越来越多的民族特色和地方色彩。

从春秋战国及之前的萌芽阶段到汉朝的初步成形，再到魏晋和唐朝时期的巅峰兴盛，至宋朝以后节日变得民族化和地域化，纵观"三月三"的演变轨迹，主要呈现出两大特点：第一，由庄重的祭祀活动向两性互动娱乐活动转变，这一特点主要表现在关于祭祀活动的减退和两性互动娱乐活动的逐步增多上。从魏晋时期开始，"三月三"节日便走上了娱乐化道路，从魏晋时期河畔曲水流觞到唐朝时期郊游踏青，都表现出了人们浓郁的生活情趣和积极向上的娱乐精神。但相比歌舞娱乐的中秋节、狂欢性娱乐的元宵节，"三月三"更侧重于以两性互动娱乐活动为主。无论是河边沐浴还是郊游踏青，"三月三"始终都是男女双方共同参与的节日。第二，"三月三"节日由全民参与转变为部分参与，由全国性大型节日转变为地域性特色节日。"三月三"从汉朝开始就是人们普遍参与的大型节日，唐宋时期也将其设定为法定假日。然而宋朝之后，"三月三"节日的全民参与性减弱，逐渐地域化。

第二节　"三月三"国际民歌节的发展现状

"三月三"歌节，亦称为三月歌圩，是壮族人民一年一度的传统节日。生活在岭南一带的各族人民自古以来就爱好歌唱，每年都会定期举行数次民歌集会。大家欢聚一堂，把酒歌唱，好不热闹。总的来说，广西各地的歌展活动大同小异，主要分为节庆型、临时型和竞技型三种。其中以农历三月初三最为盛大，"三月三"国际民歌节是在"三月三"传统歌曲展的基础上发展起来的。

1980 年，"三月三"被定为官方歌节，此时的民歌节已经受到了地方的重视。为了弘扬民族文化，1984 年广西壮族自治区人民政府组织了"三月三"民歌节文化活动，全广西各界歌手汇聚南宁，世界各地的同胞和海外友人前来驻足观光，盛况空前。1984 年在南宁举办了广西首届"三月三"音乐舞蹈节，1993 年又扩大举办了"广西国际民歌节"，这次的活动可以说是南宁国际民歌节在一定意义上正式形成的标志。1999 年成功举办"南宁国际民歌艺术节"，更详细地诠释了本民族特有的符号，并因此受到了广泛关注。2014 年民族节日"三月三"入选第四批国家级非物质文化遗产名录并成为广西法定节日，广西全区人民"三月三"放假以举办欢快的节日活动。适宜的节日活动，让人们共享节日气氛，感受民族文化。

"三月三"流传下来的传统文化给人们带来的影响不可小觑，其文化深度和厚度，给人们带来极大精神力量和鼓舞，对各族人民群众具有吸引力和包容性。由于"三月三"的文化力量，加之政府机关对"三月三"的重视和强调——将"三月三"设定为法定节假日，将"三月三"扩大实为明智之举。由于"三月三"成为全自治区人们的共同节日，广西各地都会举行规模较大的"三月三"民歌节活动，这个节日已从人们自发组织、团体组织的文化节日，升级为政府主导、各方协办的全国性文化节。自治区人民政府、文化厅、体育局、旅游委等部门共同制定规划，利用自治区及其丰富的少数民族传统文化和体育旅游资源，重点面向平民和农村社区，强有力的民族文化品牌依托博物馆和图书馆等一些文化场所，创新性和突破性的活动应运而生。积极组织群众性民歌二重唱、文艺演出、传统体育活动。在广西各地，人们奋力拼搏，旨在创造一批具有浓厚民族特色的文化旅游品牌，弘扬民族特色，发展旅游文化经济。

广西位于中国的南疆地区，也是沿江的少数民族聚居地。乡土特色丰富多彩，打造了人与自然平衡、社会保障与治安管理、各民族团结进步的典范。随着改革开放的深入和市场经济体制的发展，在中央的正确领导下，广西迎来了西部大开发、中国—东盟自贸区建设升级、北部湾开发区、珠江—西江经济带建设和"一带一路"倡议，推动了广西经济发展和民族富强，加快民族文化发展和繁荣，推动广西加快了"富民强桂"和"民族文化示范区"进程。

传统"三月三"歌节文化的传承发展与壮族"三月三"节日文化品牌的建构具有天时、地利和人合。广西素有"民歌之乡"的称呼，从古至今，定居于此的各民族都能歌善舞，创造山歌、歌唱山歌，品味山歌的文化传统代代相传。此外，这里以民间山歌民歌文化为纽带，逐渐形成了包罗万象的民俗文化，其中包括歌堂、歌舞蹈、歌节等。还有许多民间歌仙的不朽故事、传说和文学作品，并逐渐发展壮大。谭乃昌指出："节日文化是民族的认同，是整个民族文化的认同。壮族文化涉及农业生活领域，是文化物质、文化结合的象征。文化是稻作文化文明的种类。是壮族文化整体的象征。"多年以来，广西一直致力于民间山歌民歌文化的保护、传承、发展和壮大。主管机构积极带动各地人民群众组织开展各类活动，并取得了辉煌成就。

第一，广西政府和人民群众越来越重视"三月三"民歌节的发展和壮大，每年都会推陈出新，不断变换活动内容和形式，结合受众的诉求，满足人们群众的多元文化消费需求。因此，广西相关部门竭力发展"三月三"文化民歌节，在节日期间，不断丰富活动内容与形式，扩大立体的功能，充分展现多元和包容的民族文化形态，满足人们的文化交流和享受节日气氛等多元需求。在每年的"三月三"民歌节活动中，五湖四海的友人欢聚一堂，共同庆祝佳节，人们喜欢歌颂生活，尤其是喜欢用唱山歌、唱民歌、对山歌、山歌比赛等活动形式来表达自己对生活的热爱，人们娱乐的方式有民族戏曲、民族歌舞、民间杂耍以及竞技体育、交友聚会、郊外旅游等。这些充满民族特色的活动不但为全国的传统文化交流提供了平台，还让"三月三"这个传统节日变得更加生动、更加贴近广大人民群众，许多新的活动形式，为节日增添了更多欢乐，让"三月三"更加现代化和时尚化，有利于新生代了解传统文化，更好地继承和弘扬民族文化，让民族文化活动后继有人。不仅如此，这样好的文化习俗活动的开展，促进了人与人之间的沟通和交流，更是推动了传统文化节日的进步，以此来适应现代化发展的浪潮。

第二，创新是一切进步的源泉，文化同样亟待创新，需要紧跟时代潮流，通过文化制度创新，制度改革和机制变革，合理借鉴其他民族文化的发展方式，结合自身民歌文化的资源，不断创新，推动"三月三"民歌节更加现代化和时尚化。创新可从两个方面进行：一是可以借助流传国内外的知名电影《刘三姐》的影响力，将其作为"三月三"文化节日的关键词，推动与之相关的文学作品和艺术作品的初创，形成了歌手刘三姐的创作链、文学链与生产链；二是文化品牌的打造刻不容缓，一个良好的品牌会拥有更广阔的市场，更好的消费市场。例如，创造并宣传"南宁国际民歌艺术节"传统文化品牌和"印象刘三姐"演绎品牌等，使之具有品牌效应，并推动广西传统山歌民歌文化的继承和发展。

第三，设立并完善非物质文化遗产的保护机制和继承制度，可将广西山歌民歌文化纳入国家和地区保护名录，并采用多维度、全方位的综合保护继承方式和措施保护国家和地方非物质文化遗产。这样，不仅对非物质文化遗产有了制度上的保护和继承，还能更好地扩大三月三节日的影响力。不仅会吸引人们目光，也会吸引一部分人行动起来献身于民族文化的保护、传承和革新。保护和发展民歌文化是体制、机制、制度和策方面的保障与支撑。"壮族三月三"被列入国家非物质文化遗产保护名录后，"三月三"民歌节在广西民歌中的文化影响力和传播力大大增强，文化意识和文化遗产保护传承得到了极大提升。

第四，更重要的是，广西将"壮族三月三"设定为当地法定的民族传统节日，全区放假两天。近年来，这样的民间节日放假制度使得"三月三"民歌节赢得了广西各族人民的高度认可和热情支持，节日气氛和节日享受也得到了广大人民群众的广泛好评。人民群众精神层面的幸福感与自豪感也极大地促进了民族文化的传承与发展。民族节日文化传统的保护和传承，有利于节日文化经济及其民族文化、商贸、旅游、服务业等产业全面发展，能够带来可观的社会效益和经济效益。广西"壮族三月三"已成为保护、传承和发展广西民族文化及其民歌文化极其重要的载体和表现方式。

综上所述，"三月三"节日的发展过程如图2-1所示。

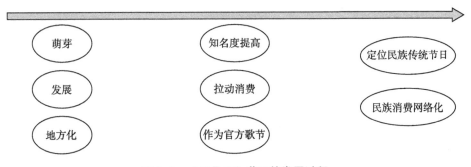

图2-1　"三月三"节日的发展过程

第三节　"三月三"国际民歌节的国际化模型机理

在社交商务时代，数十亿消费者可以瞬间从世界的另一端发送和接收信息，从而实现了马歇尔·麦克卢汉（Marshall McLuhan，1962）对颠覆性创新的电子媒介系统的预测，该论述将地球隐喻地缩小为一个"地球村"，各民族的居民会迅捷和敏锐地意识到各个民族的文化。Levitt's（1983）关于"市场化"的文章提出了一个消费文化的理念，消费者会倾向于获得差异化的产品（即来自全球的产品或品牌）。自那以后，消费文化在大众媒体和社会科学领域中引起了广泛的报道，研究人员撰写了无数学术论文，以研究消费文化跨越国际的机理（Alden，1999；Cleveland，2013；Hannerz，1990）。民族特色的消费文化开始走向世界。

在人类文明的背景下，地球村被视为一个多民族国家的组织，并由此出现了民族消费文化（Cleveland et al.，2011）。如今很少有单一种族的国家，大量的旅行者与移民正迅速使不同国家转变为多元文化社会（Demangeot et al.，2015）。根据 Levitt's（1983）的观点，在本研究看来，民族文化作为市场细分的基础越来越清晰和重要。从消费者到品牌，随着企业利用供应链和制造规模经济，以及实施标准化的广告和相关的营销效率（Schmid and Kotulla，

2011），市场已经发展出许多产品类别。随着社交商务的繁荣，消费者可以细分为以文化为群落的市场，支撑着企业活动的开展（Holton，2000）。这就是壮族消费文化国际化的现实基础。

有充分的证据证明由于少数民族文化的国际传播，许多国家内部和跨国家的社会文化多样性不断增加，许多人都在努力振兴其文化的独特性（Ghemawat，2017；Kjeldgaard and Askegaard，2006；Meunier，2010；Strizhakova et al.，2012），民族性或者其他地方性的特性（Miyoshi，1993）以及这些身份的消费行为正在重新融合。然而令人惊讶的是，很少有研究人员去研究各个民族的消费文化转变为国际消费文化的历程（Lysonski and Durvasula，2013）。关于文化融合与更新特性的研究需要加强（Keillor，2001；Merz，2008）。增加特色差异性（deMooij and Hofstede，2002；Douglas and Wind，1987）可以极大地促进跨文化交流的发展（Izberk-Bilgin，2012；Peñaloza，1994）。

本文将壮族消费文化归类为一种民族特色的亚文化。每种亚文化都由地方、民族和其他特定的文化叙事在不同程度上形成。而且，许多壮族消费者在日常生活中参与不同社会文化领域的活动就体现了消费文化。在此背景下，我们梳理消费文化的文献（Lévi-Strauss，1978），指出了"三月三"国际民歌节的国际化特征：国际化的影响、跨地域化与消费者接受、融合、强调细分、迭代发展。"三月三"节日的国际化过程机理如图2-2所示。

一、国际化的影响

国际化对不同的人有不同的意义（Robertson，1990），国际化是一个持续、复杂和组合的过程，在世界各地以不一样的速度发展，对各种社会群体和经济部门产生各种影响，最好将其概念化为"［……］一系列的波动，就像工业革命一样"（Micklethwait and Wooldrige，2000）。2000多年前波利比乌斯在他写的《世界史》一书中，就将国际化描述为一种"全球与地方联系"（Robertson，1990）。Robertson（1990）认为，大部分世界历史可以被认为是一系列的"迷你国际化"。国际化也因此被认为是关于民族团体思想的广泛传播。同时，跨国贸易集团的出现（Chase-Dunn et al.，2000）、国际通信和交

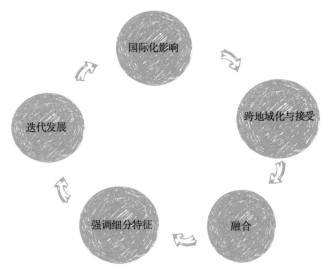

图 2-2   "三月三"节日的国际化过程机理

通极大地加强了跨越社会边界的关系（Chase-Dunn et al., 2000）。相互联系空前的深度和速度是当代跨文化交流的重大体现（Appadurai, 1990）。今天，国际化也是当代市场营销研究的主导力量。过去几十年中有学者研究了国际化品牌的影响（Alden, 1999）、消费者行为（Alden, 2006）、出口活动（Leonidou, 2002）、国际营销策略（Cavusgil and Cavusgil, 2012）及其对更广泛文化概念的影响（Cleveland, 2016；Holton, 2000）。从市场营销的角度来看，可以想象，当代消费文化随着时间和空间的推移而国际化（Keillor, 2001；Merz, 2008；Potrafke, 2015）。

Appadurai（1990）将消费文化描述为一个"复杂的、重叠的、分离的秩序"（Oswald, 1999）。人类学家 Ulf Hannerz（1990）假定世界文化的出现是由于"不同的地方文化之间日益增加的联系，以及文化的发展在任何一个地方都没有明确的立足点"。Alden et al.（1999）将消费文化设想为"被普遍认为是国际性的和超越个别国家文化的更大的群体"，而消费者群体则是"某些地方，人物和事物的意义"。还有学者则将消费者描述为"世界各地的个人，其文化、社会和其他差异对他们的消费者行为的影响正在变得重要"（Keillor, 2001），以及"必须细分受众群体，无论他们身在何国"（Domzal and Kernan,

1993）。消费文化的本质在于它是由个人和社会传播、灌输和塑造的。由于内部动力或外部影响，文化不断发展。正如约翰·斯图亚特·密尔（John Stuart Mill）所言，"没有一个国家不需要向其他国家输入文化"（The Economist，2018）；"（消费者）文化永远不会与世隔绝，并随着时间的推移而改变"。

今天，全球财富增长和科技发展（Bergh and Nilsson，2014；Potrafke，2015），互联网的广泛使用，全球社交媒体的使用，以及社会的日益科技化，为消费者将当地、民族和其他特殊形式的文化融合到全球消费文化中铺平了道路（Steenkamp and deJong，2010）。

全球一体化对文化的影响主要是由直接和间接的跨文化接触形式驱动的，分别是移民、旅游和商务旅行（Belk，1993；Hollifield，2014），以及国际贸易、金融、全球媒体和技术流动（Appadurai，1990；Costa and Bamossy，1995；Keillor，2001）；由此产生的综合影响促进了消费的发展（Ger and Belk，1996；LéviStrauss，1978；Robertson，1991）。Appadurai（1990）描述了全球文化流动的五个维度：民族（移民、商务旅行者、旅游者和其他群体的流动）；媒体（通过印刷和电子手段在全球产生和传播信息）；技术（机械流、技术流程、供应链）；金融市场（货币、资本、公司所有权的全球流动、商业投机等）；以及文化形态（哲学、宗教和市场）。因此，多元文化市场正在兴起（Demangeot，2015）。同样，如上所述，随着全球一体化的发展，媒体和技术景观将在我们的日常生活中无处不在。智能手机和流媒体服务（Deloitte，2018；Forbes，2017）支持的全球媒体消费已经超过传统媒体。此外，资本流动是许多新兴和发达国家经济发展的重要推动力量（Fratzscher，2012）。最后，各个地区或者民族的消费文化受到国际交流的影响，并被社交媒体放大，这些因素超越了国界，促进了民族消费文化的交流和传播（Bonilla and osa，2015）。

受全球化的影响，"三月三"的成功举办借鉴了国际上其他音乐节的经验。传统故事和西方表达手法相结合运用在"三月三"国际民歌节的舞台上，最经典的节目当数民歌对唱，表现了"三月三"的深刻文化内涵。而且，"三月三"的表演形式越来越多元，除了有中国传统的一些艺术表演，还结合了西方歌剧艺术表演。比如，除了演绎《三月三》这种传统歌剧，还演绎了壮族改编版"罗密欧与朱丽叶"。这些歌剧将具有民族特色的山歌和西方歌剧相融合，通过壮族音乐、流行音乐及欧美经典歌剧，以及管弦乐演奏、合奏、独唱等表现手段展现艺术魅力。在舞台美感的呈现中，以山水写意手法为参考，以广西山水为舞台背景，戏曲中以木棉花、绣球花等文化符号为情感象征，将民族情感与智慧表现得淋漓尽致。

歌剧《三月三》是围绕生命与爱情这个主题所演绎的，以壮族古代的情人节为特定的历史文化背景，讲述了壮族人民对于爱情、梦想的态度，和其为民族文化传承做出的努力和贡献。在此故事情节中，存在着两个不同的时间和空间，一个是讲述 20 世纪 50 年代两个壮族男女感人的爱情故事，另一个是在 20 世纪 80 年代在改革开放大浪潮下，壮族青年们坚持不懈的努力保护、继承和发扬壮族民歌的追梦故事。两个时空的故事轮番上演，展示出命运的艰难，壮族人民顽强拼搏，不畏艰险困苦，勇于探索，为美好生活不断努力的生活态度，还展现了壮乡几十年来人们思想的进步和生活的改善。

中外联唱传达出共同愿景，"三月三"的文化也催生出舞台剧《伊莎贝拉》，让观众跨越时空，跨越国界，在八桂绿城的舞台上体验东盟文化的独特风情。来自新加坡的 BY2 组合和泰国歌手 Nat，在民歌艺术节的舞台上播下了青春活力的种子。广西男歌手潘傲风与越南女歌手海燕合唱经典歌曲《越南·中国》，颂扬中越友谊。印尼组合王朋王燕二人组、红井冈山组合、伊梅尔组合、泰国组合同台竞技，展现出东南亚海岛文化的魔力与美感。文化碰撞打造出更绚丽的舞台效果。"风情东南亚·相聚南宁 2005"挖掘中国与东盟10 国最具代表性的文化主题，绘就了一幅"中国—东盟"的风情画卷，让浓浓的民族乡土风情与时尚现代潮流交融，展示中国乃至东南亚"与时俱进"的民族艺术。百米长的舞会舞台展示了柬埔寨吴哥窟、泰国大皇宫、飞旋椰林、浪漫海滩等。整个舞台气势磅礴，光彩夺目。

二、壮族消费文化跨地域化与消费者接受壮族消费文化

虽然共同的语言和地理空间是分享文化价值观和行为规范必不可少的一部分（Triandis，1994），但跨地域化是现代世界的主要宗旨之一（Appadurai，

1990)。Smith（1990）认为："当今新兴的全球文化不受地域和时代的限制。我们可以观察到许多消费领域的去地域化现象，如今全球媒体和技术的进步使得跨地域的快速交流成为可能，这反过来又推动了全球共享消费符号（即品牌）的传播，并放大了文化适应的过程。"因此，具有类似偏好的消费者群体正在加速崛起（Bartsch，2016）。当今世界，消费偏好会在全球范围内跨多个领域传播。除了明显的全球品牌（Steenkamp，2014），在更具文化特色的细分市场中，消费会与一个地方联系在一起。

当一种文化接触到另一种文化时就会发生扩散（Berry，1997，2008）；也就是说，文化的接受是通过与一个或多个群体的相遇而发生的。消费者文化的适应与接受同时在个人和群体层面发生，它着重于适应和/或占用代表现代消费者文化的知识和行为（Peñaloza，1994），Cleveland 和 Laroche（2007）描述了文化适应：消费者接触大众媒体；跨国营销商的活动；外国文化（即世界主义）；对市场全球化的态度（即对全球消费文化的开放和渴望）；国际旅行经验和态度。随着技术进步的发展，全球范围内越来越高的曝光度和对全球媒体格局的访问形成了跨越国界的消费文化或集中式的社交网站，例如 Facebook 和 WeChat。同样，随着营销活动的全球化和社会对消费的影响（Belk，2003），消费者越来越多地受到跨国文化的影响（Ger and Belk，1996）。消费者会拥护与强调对外国文化的开放以及接受与全球化有关的特征（Bartsch et al.，2016）。在文化多元的情况下，消费者会采取多种策略来驾驭不同的文化实体，如积极借鉴来自不同文化的实践和产品（Demangeot and Sankaran，2012）。

"三月三"国际民歌节得到广泛传播，成为许多国家喜闻乐见的节目。自国家提出"一带一路"倡议之后，广西抓住现实机遇，着力构建面向东盟的国际通道，为中国西南与华南广大地区的改革开放和发展创建了全新的战略支点，同时构筑了"三位一体"的格局。成为"一带一路"有机连接的重要门户。在与"一带一路"沿线国家进行贸易的同时，跨文化沟通与交流也在紧锣密鼓地推进中。众多媒体利用广西独特的优势——"三月三日"民歌文化资源，不断探索，与此同时电视也成为在许多国家最受欢迎的节目渠道。

2018 年，广西电视台在新加坡首次举行"三月三"节日庆祝活动的分会场，导演组对这次活动非常重视，对于节目的选择也进行了仔细琢磨，经过激烈的讨论，节目组终于敲定这次活动的主题是"民歌情怀"。并邀请了宜州彩调剧团和第一代"刘三姐"的扮演者黄婉秋女士前往新加坡演出。这是因为在新加坡许多观众对于"刘三姐"的感情极其深厚，众多新加坡观众都拥有"民歌情怀"，这也是有一定的历史原因的。《刘三姐》在新加坡首次上映，历时7个月，吸引的电影观众有50余万人（当时新加坡人口仅175万），可谓是风靡一时。优美的曲调和甲天下的桂林山水牵动着数万侨胞对家乡的思念。三月三日新加坡观众甚至还在家中观看了广西电视台播放的音乐节，对他们来说这是了解中国文化、学习普通话的有效渠道。2018年的节日活动大获成功后，广西电视台又继续发力，在2019年3月3日再次开设新加坡分会场，吸引了更多新加坡观众的关注。

2018年在迪拜设立分会场，是广西电视台首次在中东地区举办"三月三"节日文化表演，在开始之前，节目组考虑到地域特点、中东民族、宗教信仰和传统文化的习俗，结合《广西故事》这部纪录片，立足于壮族原创民歌进行中阿双语播出，并邀请了国家非物质文化遗产演唱组合"壮族嘹歌"和著名的龙州天琴文化艺术表演团参与演出。对场外观众的文化传播更为重视是这次分会场节日活动的一大特点，当地观众们在观赏壮族传统民歌艺术的同时，还会看到已经翻译成阿语的《广西故事》纪录片中的部分节目，例如《壮族嘹歌》和《刘三姐》等，可以更加深入地了解了广西壮族文化。

与新加坡和迪拜的活动相比，2019年3月举办的河内分会场最大的亮点就是中国和越南两国文化和民歌深入融合交流。中越文化之间有着众多相同的文化元素。比如，广西的京族和越南的芒族、越族等是同源，广西的壮族与越南的侬族在语言、服饰、风俗等方面都具有同源性。且在宗教、文化等方面也息息相关。在设计相关节目的时候，导播组特地将焦点集中在京族民歌《过桥风吹》上。因为这首歌不单是广西京族最传统、最有意义的民歌，而且对于越南的一些民族也有重要的意义。传唱数百年来，其在越南人心目中的地位与《刘三姐》在广西的民谣类似，用于演奏歌曲的民族乐器"独弦琴"世界上只有中国和越南在使用。导演将中越民俗文化的相似之处凝聚在这首歌中，在越南观众心中引起了文化共鸣。此外，河内分会场特别注重现场互动。侗族《多耶》舞蹈结束后，演员和嘉宾走下舞台，与观众手牵手围成一圈，将"三月三"的文化以原汁原味的方式发挥到极致，让更多的越南观众体验到"三月三"的互动乐趣。

三、壮族消费文化与其他文化的融合

从长远来看，文化融合是一种必然趋势（Levitt，1983）。从这一观点出发，假设消费者形成了一个相对被动的群体——可以通过营销和广告的力量教育消费者。这种观点也被称为文化融合假说（Wilk，1998；Hannerz，1990；Huntington，1996）。McWorld（Barber，1996）断言（主要是）大众媒体和广告意味着越来越多的新兴市场消费者将模仿其他国家的消费者（Tomlinson，1999）。从社会学角度来看，世界系统理论（Wallerstein，2004）认为文化的传播以一定的方式形成（Hannerz，1990）。这些文化流动不是单向的（Ger and Belk，1996），消费文化目前无疑具有更多跨国特征与民族特征。从消费者行为的角度来看，参加民族习俗和消费具有文化象征意义的产品一样，是支持一个民族的手段。

在"三月三"国际民歌节上还出现了许多其他国家的节目。"三月三"民歌节的开办，为中外文化和民歌交流提供了大舞台。从第一届民歌节开始，法国、奥地利、波兰、罗马尼亚、美国以及东盟10国等几十个国家的艺术家和众多歌手就踊跃参加。20年来，意大利船歌《桑塔·露琪亚》、越南民歌《难忘的黑马》、俄罗斯的《莫斯科郊外的晚上》等经典传统民歌，不仅让广西和中国观众感受到了外国民歌的魅力，还为中国人民了解和欣赏外国民歌打开了一个窗口。

为了强化和东盟各国的交流联系，向外界展示中国与东南亚各个国家源远流长、密切联系的生活习俗和文化渊源。从2002年也就是第四届"三月三"民歌节开始，推出了"东南亚风情之夜"大型歌舞晚会，展示了中国和东盟各国的风土人情。在2004年的"风情东南亚·相聚南宁"节日活动上，中国傣族的传统孔雀舞、《壮族大歌》，印度尼西亚的民间传统舞《眼睛舞》，泰国的歌舞《哆来咪》，文莱的流行歌曲《缤纷梦想》以及缅甸和菲律宾的民歌民舞等节目极大地展示了东南亚的风土人情，将晚会推向高潮，与主题"风情东南亚，风靡全世界"遥相呼应。

百米长的舞台展示了东盟各国的标志性建筑与美景。大型时尚风歌舞AishaLeah拉开了晚会的序幕。东盟各国歌舞，动人的中国与东南亚各国的原生态歌舞，生动诠释了晚会"风情东南亚，风靡全世界"的主题。

四、强化壮族消费文化的细分特征

Crawford（2000）提出全球化并没有使世界范围内的消费者同质化，"而是与当地条件难以区别的方式相结合"和"强调差异"。从消费的角度来看，产品或者服务的真正意义在于它的使用，并且可以将来自其他地方的产品或活动融入当地传统文化，以一种特定于该传统文化的方式使用（Wilk，1998）。Zhou和Belk（2004）研究了中国消费者对全球和本地广告吸引力的解读，发现购买西方奢侈品是提升社会地位的手段（为了面子）。这些产品，以及它们在全球（主要是西方）的广告吸引力，因其标志着兴奋、现代和世界主义而受到重视。

在与其他国家文化的交流中，"三月三"的特色变得更为鲜明。如今，各民族的文化发展呈现"全球化""现代化""商业化""多样化"的趋势。壮族"三月三"有其独特的民族风格，以原生态为主，着力确保突出民族特色。利用地方特色——非物质文化遗产和民俗音乐等元素，充分发挥和创新其在节日当中的突出位置，营造独特的民族文化风俗氛围。此外，还会将民族文化及其特色象征带到商业中去，以更好地讲述、传承民族特色为目的，让广西故事、民族故事、壮族故事的传播范围更加广，更好地展示民族特色文化。"壮族三月三"的文化功能让观众体验了"壮族三月三"的历史文化传统、民族风俗习惯和独特的文化魅力。

五、迭代进化

随着时间的推移民族文化会形成一个新的文化实体（Prince，2016）。这被称为进化（Mendoza，1989）。迭代进化在本质上是混合起源的，是两种或更广泛的历史潮流的汇合（Hannerz，1990）。根据 Useem（1963）所述，杂乱无章的文化"不仅是两种单独并置的文化的相互适应或融合"，而且演变为"有关行为、生活方式、世界观等方面的新事物"（Gessner and Schade，1990）。

"三月三"国际民歌节演变为边疆的公共节日。2010 年以来，广西每年都会在印度尼西亚、泰国、柬埔寨、老挝等国举办"新年快乐"文化交流活动，受到热烈欢迎和喜爱。系列活动以"壮族三月三"为中心，以"唱歌相识"的节日特色，紧紧围绕"一带一路"倡议的主题，突出了广西民族的文化内涵，并纳入相关的民族元素。泰国和越南作为"壮族三月三"的第一站和第二站，致力于将传统的广西节日推向东南亚。广西电视台的"'三月三'日现场直播"还通过"'三月三'文化丝绸之路之旅"系列活动两次出国，设立了海外现场直播站点，并与当地电视台合作。在泰国和越南，这一系列活动拥有大量的参与者，巨大的影响力和热情的气氛。中国大使馆的顾问，许多华侨领袖，当地人以及大学师生都参加了这两项活动。

随着对"壮族三月三"的大力宣传，"壮族三月三"成功进入泰国，展示了中国文化和广西节日文化的丰富内涵。当活动在泰国举行时，观众对活动给予了高度评价。"壮族三月三"音乐节将成为中泰文化交流中不可或缺的一部分，成为中泰人民共同的节日。由此可见，"壮族三月三"国际民歌节在广西地区的繁荣发展，已经成为边疆民族和地区的公共节日。

第四节 "三月三"国际民歌节对广西消费经济的影响

一、对区域经济发展的推动作用

节庆文化活动一般是指特定时期内一个城市或地区举行的大型文化活动，并且这种活动要具有鲜明的地方区域特色和大量群众基础。一般来说，在某一区域内举办节日庆祝活动，能够提高区域的知名度，从而形成独特的节日文化。经过几年的举办和运作，南宁举办国际民歌艺术节的经验越来越丰富，举办的活动也越来越具有影响力，逐渐形成了具有浓厚民族色彩和强大影响力的大型综合文化庆祝活动。

直接投资效益的增长和超大规模的商业消费是节日庆祝文化活动对城市或者区域经济运作最明显的正向作用。广西南宁国际民歌艺术节的顺利开办，不仅仅吸引了众多国内外著名的民族歌手、团体、艺术表演家等，同时也聚集了一大批企业家和财团。许多企业家和财团过去没有来过或者不了解南宁市，但是通过这样的节日庆祝活动可以开展经济贸易洽谈合作，逐渐加深对南宁的了解并给予投资。

2002 年的"广西投资贸易洽谈会"与国际民歌艺术节同时进行，涉及投资项目 317 个，总投资额达到 211 亿元，总订单成交额达到 8 亿元。同时，在历时七天的南宁国际民歌艺术节中，共接待游客 23 万人次。酒店入住率达到 71.21%，比上届增长 10.5%，旅游收入达到 1.19 亿元，比上届增长 26%。抽样调查数据显示，超过 90%的游客通过这次节日庆祝活动对南宁国际民歌艺术节有了崭新的认识。这些都表明，南宁国际民歌艺术节提高了广西和南宁的知名度，形成了名副其实的七日"黄金周"，对广西区域经济的发展起到了强有力的推动作用。

举办节日文化活动可以挖掘当地潜在的经济发展机会。盛大喜庆的文化活动，为当地政府人员和社会各界人士提供了结识广大国内海外朋友的机会，同时也为本土企业和国内外友商、客户的进一步合作发展提供了巨大商机，有眼光有能力的客商通常会以观看节日庆典为契机，考察当地的自然地理环境、人文社会环境、经济技术环境和政府政策投资环境。节日文化活动往往在最和谐最温馨的氛围中举办，以最真诚的态度拥抱那些潜在的商业机遇。主办人和客商内心的千载愿望通常会被这个特殊的空间和时间催化为真正的利益。

节日活动"黄金周"能够带来持久的经济效益和影响力。一场节日文化盛会的上万人潮对所在地的餐饮、购物、旅游、住宿、交通、通信、娱乐、广告等行业具有一定的推动作用，在此活动期间，消费需求会大量增长，从而刺激地区消费。与此同时，举办节日庆祝活动的城市和地区要跨时空地进行活动宣传和谋划组织工作，展开宽领域、多层次的合作，从而形成以节日文化庆祝活动为主体的"同心圆"经济体，使生产要素和消费要素处于同一时空中。使它高效有序地不断流动，达到现实中最佳的经济配置。基于此，南宁国际民歌艺术节的顺利开办表明节日文化对于一个城市和地区的经济运作而言作用是巨大的。

特色节庆文化活动要立足于促进地区经济发展，最大限度地发挥经济载体的作用。最大限度地发挥特色节日文化活动的内生作用，带动经济发展的同时带动城市不断改革创新。良好的经济发展势头催生了节日经济，而节日活动又推动了城市不断深化改革，大刀阔斧地创新。

二、加快了广西旅游业的发展

旅游业在许多城市的经济发展中发挥了重要作用，加之国家逐渐重视旅游业，不少城市在战略和政策的制定上都开始向旅游业倾斜。包括了旅游景点的维修重建，增添具有吸引力的项目，以及对旅游相关产业的补贴等。如今，在文旅融合的大趋势下，节庆假期的旅游意义得到了更为深入的挖掘。一是作为文化活动的节日，是区域或民族精神的体现，是高度浓缩的民俗文化，具有增强民族认同感和社会动员的作用。节庆旅游的社会与经济等多方面发展具有双向效应与意义。它不仅能够吸引游客，还可以加强节日在社会当中的地位。二是节庆旅游以节庆活动为主要卖点，可以打破旅游目的地的旅游时限，克服旅游活动的季节性规律。三是节庆旅游对于塑造城市、民族、国家形象具有重要意义。举办大型的节庆活动对旅游发展有着强有力的作用。

节日不仅被视为旅游景点和目的地形象塑造者，而且被视为当地社区的经济引擎。为了顺利举办民歌艺术节，广西人民奋力营造健康良好的新时代文化氛围。在此期间，南宁市在有关精神文明建设上做出了重要举动，主动开展创建优秀文明社区、制定市民文明公约、狠抓"三个一工程"活动，极大地提高了公民的素质，让前来南宁旅游的国内外游客明显地感受到南宁不仅城市美、民歌美，整体风貌也美。南宁国际民歌节期间，大量游客的到来，对第三产业的带动作用明显。酒店饱和，餐厅和商店生意兴隆。不仅丰富了当地人民的精神文化生活，还将单纯的民俗歌舞表演、唱山歌活动与商贸相结合，吸引了大批游客驻足和观看，推动了旅游经济的发展。

三、使区域无形资产得以积累和增值

"高品位、高起点、大手笔"是广西国际民歌节从筹措之始就坚持的活动定位。它独具一格的魅力深刻地体现出广西奋发开拓、创新发展的精神。在过去举办的民歌艺术节中，由中央电视台担任主创团队，与代表国内外最高艺术水平的艺术家们合作形成了强大的文化演绎阵容。艺术节通过精心谋划和包装，创作出多场恢宏壮观、具有强烈中外民族文化特点的民歌艺术大会。在此期间，宋祖英作为著名歌唱艺术家演唱的《大地飞歌》唱响祖国内外，在全球范围内极大地提升了广西民歌乃至广西文化的知名度。

在民歌节期间，国内外数十家影响力较大的媒体和数百名新闻记者来到南宁，齐聚民歌艺术节，对民歌艺术、民歌文化的传播起到了强有力的推动作用。在此活动期间还盛大推出了具有浓厚壮族风土人情和传统经典文化寓意的"绣球"与"铜鼓"。

出色的节日庆典文化活动不但塑造了南宁这个城市的形象，而且也成了南宁这个城市的名片。换言之，它是南宁市数百万市民可共享的无形资产。央视导演孟欣曾说："我们大家必须从国际文化的视角来定位民歌。"美国格莱美唱片协会主席迈克尔·格林惊叹道："南宁国际民歌节这个活动给我留下了非常非常深刻的印象。我建议组委会商讨出台一个十年计划，整合各种各样的资源，按照国际惯例走市场化运作模式，逐步把民歌节建设成为具有世界影响力的节日，做得好，就能成为立足于中国本土面向世界的中国格莱美！"最后新加坡传媒集团中国代表处首席代表陈瑞莲说道："中国南宁国际民歌艺术节的顺利举办，我们透过充满魅力的南宁，能看到中国这个多民族国家所拥有的精彩的多民族文化。我希望从此之后，中国和新加坡能够在文化方面加强交流和合作，让新加坡人民更加深入了解广西了解南宁，了解中

国博大精深的民族文化。"从这些话语中，我们可以看到，举办一场特殊的节日文化庆典活动，不但可以促进国际优秀文化之间的交流，而且可以增强城市的知名度。

从近几年南宁举办的国际民歌艺术节中可以看出，特色节日文化活动不仅仅促进了区域经济发展（尤其是旅游业的发展），也推动了一个城市或者地区的社会文化进步。不同国家、城市、地区的人们基于自身的资源和需要，积极举办各种类型的节日活动和文化活动，这是市场经济体制下的要求和社会进步发展的必然趋势。区域无形资产也会随着城市经济和文化的进步和城市知名度的提升而不断积累和增值，从而持续提升综合实力。

第三章 荔浦衣架：壮族地区特色产品的 品牌全球化

    本章提出了一个模型以表征和解释荔浦衣架是如何成为国际消费者偏好的品牌的。目前，世界一半以上的人口（56%）生活在城市地区，预计到2050年，这一数字将达到66%（联合国经济和社会事务部，2014）。这一趋势导致商业机会的产生。为了抓住这一机遇，许多跨国公司正在支持全球品牌。广西桂林荔浦的衣架成为远销全世界的著名品牌。随着交通运输的发展，通信的便利以及经济、社会、文化和政治的融合，越来越多的公司将其品牌定位于全球（Steenkamp，2003）。企业将国际化看作是平均增长的机会（Lysonski，2014）。此外，许多公司都明白，消费者更喜欢具有全球形象的品牌。即使全球品牌的质量和价值在客观上并不优越，这是因为全球品牌被视为国际化品牌，这个产品的消费反而会更好。消费者往往将全球品牌视为卓越品牌（Holt、Quelch、Taylor，2004），享有较高的声望（Steenkamp，2003），更大的社会责任感（Holt，2004）和较高的信誉度，降低与购买相关的风险（Erdem、Swait，1998；Murray，1990），降低消费者在选择特定品牌时收集信息的需求（Erdem、Swait，1998）。此外，消费者偏好这些品牌属于全球背景，这刺激了消费者购买全球产品。全球品牌以某种方式表达了它们的形象，也就是说，消费者开始将全球化的产品视为消费文化的一部分。

    消费者文化是一组涉及消费和行为的符号，这些符号通常是人们所能理解的（Alden、Steenkamp、Batra，1999）。消费文化会对品牌作为价值创造者的定位产生战略性影响。市场营销学研究侧重于发现文化之间的相似性（Akaka、Alden，2010；Guo，2013），以识别市场营销的普遍性。这表示消费者针对不同文化和国家/地区产品的特定偏好。本章研究的模型有助于更好地了解少数民族地区特色产品如何成为全球品牌。本章可以帮助少数民族中小企业的管理者制定全球品牌战略，并在不同的全球市场定位品牌。

第一节　荔浦衣架产业发展情况

"桂林山水甲天下，荔浦衣架游世界。"在广西如诗如画的桂林市的南部地区，有一个拥有 2000 多年历史的地方——古邑荔浦县。荔浦县隶属于广西壮族自治区桂林市，该地区总面积 1758.62 平方公里，2014 年人口达到了38.7 万人，有汉、壮、苗、瑶等 15 个民族之多。20 世纪 90 年代，荔浦衣架产业开始起步。经过多年的摸爬滚打，从一开始零落的手工小作坊到如今的"中国衣架之都""中国衣架生产基地""国家外贸转型升级专业型示范基地"，实现了跨越式发展。如今总体上已经形成了小产品、大市场、大产业的特色产业发展格局，成为荔浦经济发展的第一大支柱性产业。广西荔浦衣架品种丰富，类型多样，包括但不限于竹制、木制、金属、塑料、木塑、布艺等大类，3000 多个品种，衣架的年产量高达 20 亿支。如今，荔浦衣架实现了从"荔浦生产"转向"荔浦制造"，创造了具有广西本土自主知识产权的品牌、名牌。生产的衣架 80% 以上出口到海外市场，销售网络遍及西欧、北美和东南亚，出口量约占全国同类产品出口总量的半数。在 2019 年初的时候，荔浦衣架产业示范区被评为自治区四星级林业核心示范区。那么荔浦衣架的发展过程究竟是怎样的呢？如图 3-1 所示。

一、萌芽起步阶段（1990—2000 年）

广西荔浦衣架最早产生于 1990 年的蒲芦乡，当时以小作坊为主，并且生产方式多为手工制作，生产条件比较简陋，生产设备及工艺技术也比较落后，生产水平受限，影响产品数量和质量，导致销售渠道狭窄，主要经营国内市场。后来良好的经济效益和市场条件，引来大量资金投入木衣架的开发和生产中，生产水平的提高与产品的销售出现了不平衡，导致产品销售困难。

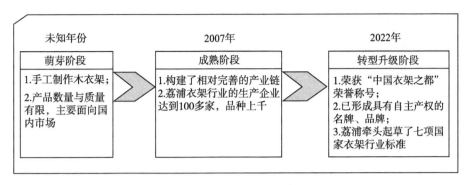

图 3-1　荔浦衣架发展过程

1992 年，各大衣架公司纷纷走出国门，利用各类信息瞄准国外市场，打开了衣架出口国外的闸口。

正在此时，发达国家已经瞄准我国市场，将大量的劳动密集型产业转移到我国。机遇就此出现，荔浦也不负众望，市场较为廉价的劳动力和当地丰富的自然木材资源相结合，在外界需求的刺激下，集中力量发展木衣架产业。促进荔浦的经济发展，提升了当地人民的生活水平。但是资源是有限的，荔浦的木材资源耗尽，已经无法满足日益增加的衣架销量，衣架企业商们必须寻求另外的出路，加快产业转型升级，在遵循国家规定的同时，满足市场和消费者的需求。荔浦的开拓者除了从云南、贵州、湖南等木材资源丰富的地方购买木材原料，还从越南、泰国、德国等多个国家和地区进口部分优质木材，并将生产的木衣架全部出口到欧美、东南亚等地。

荔浦县从一个小作坊开始起步，如今通过不断进行产业改革创新，形成了"木衣架两头在外"的新产业形态，即原料端与消费终端都在国外。到 2000 年，全县有木衣架企业 47 家，年产量 1 亿多件，年销售额 2 亿元以上，创造利润 4000 万元以上。在海外设立了多个分公司和销售网络。这一时期也为衣架行业培养了大量了解市场的管理和技术人员，而后以荔浦为中心的衣架产业群应运而生。

二、高速发展逐渐走向成熟（2001—2007 年）

中国加入世界贸易组织之后，出口贸易已全面开放。荔浦衣架产业在全球经济的带动下，优化工业链，生成了一套较为完整的产业链，囊括从原材料供应、设备制造、产品制造到加工运输以及营销服务。产业集聚在一定程度上会导致激烈的市场竞争，企业面临的各种风险将变大，不仅需要持续增加产品类型，降低成本，还要引入高级管理思想和管理模式，推动行业健康发展。产业在空间上的集合促进了信息和技术的交流，为企业技术创新提供了契机。2007 年，荔浦衣架行业有生产企业 100 余家，品种达千余种，产品超过 90%出口海外。

三、转型升级阶段（2008—）

2008 年全球金融危机爆发，海外市场不景气，对我国产品的需求量急剧下降，使得我国外贸出口的市场萎缩。荔浦衣架产业受到重大影响，一部分缺乏核心竞争力的小型公司宣布破产倒闭，而在夹缝中求生的公司也继续面临着惨烈的竞争。在利润较为微薄的竞争环境下，行业发展陷入两难境地。此外，面临着森林资源的耗竭，现有的木材资源已经无法满足衣架的生产销售需求。加之，国家提倡的对生态环境的保护，衣架企业必须寻求另外的出路，加快产业转型升级。在此背景下，企业必须清晰知晓外界环境，洞悉外界环境和市场需求的变化趋势，不断创新改革，努力提升自身的竞争力，加快创新改革能力，探索合适正确的价值链，如走品牌发展路线、建立产品研发中心、成立属于自己的海外营销服务中心等。此举经过不断改革创新已经初见成效。2004 年"广西衣架制品生产基地"落地后，又成功获得"中国衣架生产基地"这一项殊荣，而后广西积极打造产业品牌和特色经济示范区。2010 年，荔蒲荣获"中国衣架之都"的称号，2012 年又被中国商务部评选为"国家外贸转型升级专业型示范基地"和"中国衣架出口基地"。在 2014 年11 月通过"中国衣架之都"复评。同年 12 月，荣获广西首个出口竹木家居产品质量安全示范区"金名片"，这些殊荣鼓舞着广西自主品牌的持续发展强大，为中国产品过渡到中国品牌的转型奠定了坚实的基础。随着经济全球化的发展，品牌的知名度和美誉度成为走出国门的关键因素。荔浦在广西桂林市检验局的指导和帮助下，建立了"广西首家出口竹木家居用质量安全示范区"，旨在为更好地发挥特色产业先手优势，促进产业和经济发展。为了提升木衣架产品在国内外市场的竞争力和影响力，大力推进该产业的健康可持续发展，推动产业转型升级，打造良好品牌信誉。在示范区建设过程中，检验检疫部门建立了"政府主导、部门联动、企业主体、行业自律"的机制，与政府、企业、行业协会形成合力打造示范区。当前，荔浦不仅发展成小产品和大市场、大产业的格局，而且涌现出一大批规模较大且市场竞争能力较强的龙头企业、大型企业、市级骨干企业，也产生了许多卓越的现代企业家。

第二节　全球品牌、全球消费市场与消费文化概述

一般来说，在国际市场被广泛提供并在世界上享有高认可度的品牌被描述为全球品牌（Dimofte，2008）。全球品牌是指消费者在几个国家/地区以相同名称找到的品牌，定位、传播策略、品牌个性、外观和购买服务在所有情况下几乎都是一样的。在这种情况下，全球品牌的定义是，只有消费者认为品牌是全球性的，并出现在国内市场和许多海外市场。这意味着，当该品牌出现在更多市场时，该品牌就被认为更加全球化（Steenkamp，2003）。品牌是普遍需要的，被消费者接受和购卖，具有抽象感并在不同市场具有一致性（Zsomer，2008）。消费者通过电影、书籍、音乐、新闻、广告和与朋友讨论了解这些品牌。品牌全球化意味着在大多数目标市场中使用相同品牌名称、定位策略和营销组合的全球品牌。全球品牌取决于其在整个市场上采用标准化营销策略和计划的程度。

学者一致认为，文化是一种不稳定的结构，它不断发展和变化。在这方面，Hofstede（2001）将导致文化变化的主要因素描述为贸易、经济支配地位和技术进步。由于全球化，混合文化或全球消费者文化可以被视为一种传播与融合。这源于大众媒体的更大的文化多样性。本研究认为，民族区域品牌的全球拓展亦是人类流动性和媒体传播的结果。

历史上，文化一直以地域限制为特征。一方面，全球流动放松了文化的领土固定性。因此，全球消费文化的兴起，影响消费者行为和消费模式。消

费文化被定义为一个文化实体，如民族文化这类亚文化（Alden，1999）。消费文化是一组共同的符号，如产品类别、品牌和消费者活动（Lee、Tai，2006）。从产品的角度来说，制造业和工业机构以及贸易增长，相应增加了消费偏好、需求和欲望。另一方面，Holt 等人认为，由交流创造和保存的全球文化——报纸、杂志文章、电视、广播电台、互联网内容、书籍、电影、音乐、广告和营销传播——会影响每一个消费者，即通过这些途径访问不同的文化，产生兴趣和接触品牌。因此，民族文化就可以视为全球品牌（Kapferer，2003）。如果消费文化被普遍理解成一组代表消费和行为的符号（Alden，1999），那么消费文化就会包含不同的偏好，反映了细分市场的传播和消费者行为。消费者了解各种细分市场的消费文化的信号和行为（Akaka，2010）。来自不同国家的消费者有共同的品位和价值观，分享兴趣和知识品牌、产品、消费等符号活动和事件。从文化角度来看，全球消费的增长与消费文化的兴起同时发生，其特征一般是接受整体的消费观念和消费趋势（Holt，2004）。因此，我们可以看到，文化符号的全球消费趋势体现在消费者购买和使用全球品牌上（Zhou，2008）。

第三节　荔浦衣架的品牌全球化分析

本章，我们对荔浦衣架成为全球品牌的机理进行了分析，（如图 3-2 所示）。

一、产品符合全球消费者需求与消费趋势

如今，全球品牌比以往具有更大的相关性，并与国内和本地品牌区分开。世界各地的消费者都在寻求相同的产品。拥有全球消费行为的消费者被称为全球消费者群体（Keillor，2001）。根据沃特斯（1995）的研究，与全球消费文化兴起相关的全球消费正在增加产品消费相似性方面的可识别性。例如，iPod 正在成为全世界自我表达和身份认同的标志。另外，Alden（1999）通过广告分析了跨国品牌的定位，并确定了全球的消费诉求。"广告体现了这样一

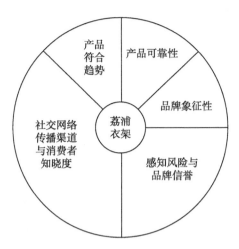

图 3-2　荔浦衣架品牌全球化机理模型

种思想，即全世界的消费者都在消费特定品牌或对人类具有吸引力的产品，因此进行了投资。具有文化意义的品牌，因为它是传达全球消费文化感觉的渠道。"这就意味着，品牌全球化的因素要体现出符合性构造并与消费趋势融合。荔浦衣架符合全球消费者的需求，切合全球消费趋势。

荔浦衣架行业在发展过程中，走的是消费者驱动的产业集群升级之路，这也是在全球生产网络背景下的创新之路。在这个产业的早期阶段，由于手工作坊自制和设备生产出的产品良品率低，质量较差。迫使企业进行技术创新，升级技术和生产设备。同时为了提高生产率，还在旧工艺的基础上优化生产工艺，采用流水线生产，优化生产流程，从而全方位提高生产质量。随着技术的进步，企业间的技术逐渐同质化，这时候企业间的竞争重点转向了差异化产品。为了适应市场的需求，企业只有不断地扩大产品的范围，不断设计开发新型产品。从生产单一的普通衣架到专门用于西装、裤子、裙子多样化的衣架，全面开发衣架、鞋架等多元化品种。

伴随着社会经济的发展，人们不仅对生活质量有了更高的要求，审美标准也在不断提高。在追求高品质和精美包装的同时，材料的环保性也成为发展趋势。在现代生活中，由于竹木材料的绿色和可再生特性，竹木制品越来越受到消费者的青睐。然而，目前市场上的衣架多为木质、塑料、金属材料、复合材料，存在局限性，如造型单一、单调乏味、缺乏个性和人性化设计、衣架质量较差等，生活的质感有所缺失，显然消费者的需求没有得到满足。桂林荔浦县依托当地技术和原材料资源优势，以设计创新为抓手，进一步推动当地竹木衣架产业发展，让现有衣架产品与时俱进满足消费者更高的生活品质追求，在环保、多功能、创新、方便易收纳、优化合理、外观时尚简约等方面下功夫。在考虑产品实用性的同时，注重使用体验，追求品质，力求体现消费者的个性和追求，满足大部分用户对竹木衣架的需求。并且随着经济全球化的不断深入，各国之间的贸易日益频繁，荔浦衣架产业也走向了转型升级，产品的结构得到优化创新。现在早已不仅仅限于木衣架为主，还涉及铝合金衣架、布艺衣架、竹制衣架和浸塑衣架等新材料衣架。

在传统木制衣架上，通过产业多年的深入研发和技术革新，荔浦衣架的主要原材料从之前较为的单一的树种荷木成功的过渡到其他速生木材的利用。比如，2007 年，广西桂林华海家居用品有限公司是国内第一家从荷兰木等慢生树种向桉木等速生树种转变的企业，企业进行了一系列节能环保设施技术改造以及新产品研发工作，将木制衣架的主要原材料由之前比较单一的、生长周期较长的树种转向多元的、生长周期较短的树种。

二、产品可靠性

从消费者对品牌全球化程度的总体感知可以得出对该品牌的卓越评价（Kapferer，2003）。霍尔特等人（2004）发现消费者对全球品牌质量评价很高。Alden 等人（2006）认为，具有强烈质量关联、注重形象特征的品牌在消费者中创造了一种全球联系感。Özsomer 和 Altaras（2008）认为全球品牌偏爱的关联之一是产品的感知质量。我们认识到衡量消费者对全球品牌的感知的重要性（Özsomer、Altaras，2008；Zhou et al.，2008）。消费者认识到跨国公司的影响可能对社会福利产生积极或消极的影响（Holt et al.，2004）。这些消费者希望公司将社会生活需要与他们在市场上提供的产品和品牌联系起来。因此，消费者坚信，全球品牌可以解决他们的衣食住行生活需要。Taylor、Hill 和 Yalcinkaya（2011）研究了公司与其品牌进行交流的影响，认为这些交流指的是以消费者需求为导向的营销。他们提到了消费者偏好越来越多地用于对可靠的公司的商品和服务。因此，Dimofte（2008）指出，可靠性是描述全球品牌结构维度的重要因素之一。可靠性不是一种时尚（Holt，2004），或更广泛地说，它是全球业务的一部分。Popoli（2011）认为公司必须就其社会责任行为的性质对全球市场做出回应，这会让消费者认为其非常可靠。因此，我们认为可靠性是荔浦衣架成为全球化品牌的一个重要因素。

桂林市动植物检疫科发言人说道："2020年的一月份到六月份，桂林市出口竹木的家居用品达到3200多批次、50余万件、总价值高达6300多万美元，其中木衣架占出口总额的92%，主要出口国家是美国、欧盟、东南亚等国家和地区。在如此大的交易量中，并未发生因为质量问题而导致被国外通报的现象。"

竹木制品出口企业大多存在规模小、品牌小、技术创新和产品创新能力弱、结构分散、劳动力成本高、资源匮乏等问题，抗市场风险能力较弱。随着国际市场竞争的日益激烈，荔浦竹木产业要想可持续发展，必须提高产品质量，扩大出口业务。在创建示范区过程中，桂林以创造广西"第一"为契机，以"质量保障、品牌建设"为重点，以"稳增长、树标杆"为原则，发挥自身在政策、信息、经验、技术、标准等方面的综合优势，结合行业特点，查找问题，有效发力，建立质量管理体系，大力推动出口竹木家居行业质量和技术的创新提高。

三、品牌象征性

从社会学的角度来看，品牌的象征价值（如社会威望和地位）是重要的社会标志（Zhou，2008）。炫耀性消费是产生购买全球化品牌的一种动机。象征性文化的需求丰富了人们消费产品或品牌的强烈愿望（Alden，1999）。品牌的声望可以表明与该特定品牌相关的产品处于很高的地位（Steenkamp，2003）。消费者倾向于将一个著名品牌的消费视为社会地位、财富或权力的象征。因此，这些品牌购买与自我和个人社会形象紧密相连。现有的许多文献表明，全球品牌是有力的象征，消费者认为这代表不同社会和文化含义，包括社会声望，可接受性和现代性（Zhou，2008）。消费者会对优质产品、理想、消费趋势产生诉求以及追求全球消费象征声望的吸引力（Batra、Ramaswamy、Alden，et al.，2000；Steenkamp et al.，2003）。因此，我们认为品牌象征性是荔浦衣架国际化的一个重要因素。

随着人们生活水平和人均收入的不断提高，家居方面的消费在新消费时代发生着颠覆性变化。最明显的就是"80后"逐渐成为家装消费主力，"90后"开始进入家装消费市场。消费者追求个性、时尚、简约，摒弃刻板印象，摒弃复杂沉重的个性特征。个性化已经成为家居行业的重要追求。随着家居市场的进一步细分，不少家居企业利用"严选""创意"等时尚品牌，在互联网上争夺品牌营销。消费者在被吸引消费之前，更注重品牌的口碑和美誉度。另外，消费者对高端定制化和个性化的要求越来越高，类似于"定制化服务"的新消费体验越来越受到人们的追捧。消费者不仅关注产品本身的实用性，而且会关注产品给自身带来的额外情感价值，以及该产品与其他家居产品之间的整体和谐。此外，人们对家居环境的安全和环保的关注度也越来越高。在《2017年家居业网购消费数据报告》中指出，在近一年内家居品类中，"健康、简约、环保"等关键词汇在消费者的搜索列表中占比显著提高，这些需求成为人们追求的新目标。中国国家民营科技实业家协会发言人张震表示，消费者的消费价值观和消费意识的全面提升，促使家居行业的品牌打造正在从低水平向高水平发展，从理性考虑向感知考虑转变，以及从品牌广告向品牌意识转变。家居行业的变化也将促使消费者更理性地选择品牌。

一家专门生产和销售出口木制衣架的公司——桂林裕祥家居有限公司位于广西桂林荔浦县，这家公司从"手工小作坊"起家，经过20余年的积累和发展，如今成为拥有数千名员工的大公司，获得过"中国衣架出口基地""广西农业产业化龙头企业""国家外贸转型升级专业型示范基地""广西出口名牌"等多项荣誉称号。近些年来，裕祥公司以款式的新颖性、产品质量的高标准、售后服务的精准和贴心等获得了国内外销售商和顾客的一致好评和高度信赖。裕祥公司自成立以来就高度重视技术创新、设备更新换代、生产优质产品以及严格的品控。这也是公司基业长青的关键因素。公司面向市场所投放的产品质量高、外形美观、价格亲民，具有很高的实用价值。它们不但适用于繁华的城市，同样也适用于农村。老百姓爱用，容易接受。公司在广西检验检疫局的支持下，成功创办了广西第一个出口竹木家居产品质量安全示范区，大幅度推动广西区内自主品牌的成长和进步，坚持诚信经营的企业价值观，坚持适应时代要求进行转型升级，利用清洁能源，环保材料，积极创造名牌产品以此来逐步稳定的提升产品在海内外市场的竞争力和品牌影响力。其目标是做大做强民族本土企业，以低成本打造民族自豪品牌。

2020 年 12 月 18 日，以"产业兴市党旗红，衣架'智'造生活美"为主题的荔浦市首届衣架创新创意设计大赛决赛在金凤凰大酒店盛大举办。大赛共收到各大企业、高校、团体及个人参赛作品 383 件，经过前期的评审，共有 85 件优秀作品入围总决赛。荔浦市作为中国衣架之都，近年来加大衣架创新创意人才的引进、培育和使用力度，举办中国衣架产业发展高峰论坛，搭建各种本土创意人才与区外同行交流沟通的平台，构建了以企业为主体、市场为导向、产学研结合的人才培养体系，有效提升了衣架创意产业的核心竞争力。此次荔浦市以赛为媒，挖掘、培育和凝聚了一批底蕴深厚、想象力丰富的衣架创新人才及团队，搭建了价值实现的平台和舞台，激发产业创新，为衣架产业发展提供新思路，注入新动力，推动产业转型升级，实现工业高质量发展。

四、感知风险与品牌信誉

Erdemnd Swait（1998）认为可信度的重要性源于一个事实，即不完善和不对称的信息给消费者造成了对特定产品属性的不确定性。即使信息（与经验相关的属性）以及消费后对长期属性进行核对，这种情况直接导致消费者的感知风险，因为消费者对行为后果是无法预知的。因此，这些将会产生一些不可预见的后果，这些后果可能是令人不快的。这凸显了感知风险概念的重要性，因为这被公认为是消费者行为的基本概念。在这种情况下，感知到的风险是在寻求预期结果时可能的损失。感知风险意味着消费者在预期损失的类型和程度上会购买和使用产品。风险类型包括财务、心理和社会风险。

财务风险包括对维修产品将招致的损失金额的不确定性。心理风险指因购买产品或使用产品而可能丧失自我形象或自我概念。社会风险与他人给予所用物品的意义感知相关,这种风险高度指消费者在社会中的地位(Rindfleisch、Crockett,1999)。

信誉是基于过去行为所形成的历史观念。当消费者认为品牌有不确定性,当市场以信息不对称为特征时,消费者就会在购买决策时,考虑品牌的信誉。可信度是一个品牌的信号,即一个重要的特征,因此可以用其在消费者心目中定位产品(Erdem、Swait,2004)。品牌的信誉被定义为有关品牌中包含的产品被认为是可信的,其可信度取决于公司交付产品的意愿和能力(Erdem、Swait,2004)。全球品牌的信誉取决于公司是否愿意和有能力在全球范围内实现他们的承诺,同时保持营销的一致性,并保持对品牌的大量投资。Hsieh(2004)提出,对于消费者而言,全球品牌由于其全球可用性和认可度,往往具有特殊的信誉、价值、力量和增强的偏好。从信号理论的角度来看,品牌信号的内容取决于营销组合的每个要素(Erdem、Swait,1998)。因此,对品牌信誉的认知是它在全球消费者心中全球性的程度(Zsomer,2008)。定位在全球的品牌可能具有特殊的信誉(Kapferer,2003)。荔浦衣架具有较高的品牌信誉,通过质量保障体系确保产品质量,具有较低的感知风险。

全国日用杂货标准化中心在荔浦召开新闻发布会,正式宣告荔浦县衣架企业所起草的三项关于衣架产品的行业标准已经过国家工信部的批准并且正式发布实施。到目前为止,荔浦企业已经领先制定了7项国家衣架产品行业标准。这些新标准在国外衣架产业是首创,荔浦衣架销售额占全球衣架市场的60%,一直领跑国际国内市场。会上,"裕祥""毛嘉""俏天下"等荔浦衣架公司被中国日用杂货工业协会授予"主要起草单位"品牌,这些企业参与了这三项国家级衣架标准的制定,中国日用杂货工业协会发言人表示,荔浦的衣架企业在海内外衣架标准的制定上具有很大的影响力。国家专业部门在征集全国衣架行业标准起草会议后,荔浦的衣架公司积极争取成为国家认定的标准起草单位。竹制衣架、木衣架、布艺衣架、浸塑衣架、铝合金衣架等七项中国衣架行业标准都是他们所主导起草的。20世纪80年代,首笔出口贸易为荔浦衣架打开了通往国外市场的通道。荔浦衣架产业对外进行市场开拓的方式主要有三种：第一，成为沃尔玛、宜家等全球零售业的代工厂；第二，获取出口自主经营权，从而出口到澳洲、欧美和东南亚的国家和地区；第三，成为国内综合商超、大型超市、国外和本土知名服装品牌的专用衣架供应商。当前，荔浦衣架企业已经和众多国际大公司达成合作，成为世界知名零售公司和服装企业家乐福、沃尔玛、K-mart、Targetstore、优衣库、无印良品、法国鳄鱼和H&M的合作商。当前，荔浦拥有各种衣架及其周边配套商品生产厂家多达300余家，拥有对外出口自主经营权的企业30家，总年产衣架超过20亿只，年总产值达到65亿元。荔浦所生产的衣架中，超过90%出口到海外，销售网络遍布全世界，所生产的衣架占全国总产量的60%，在荔浦形成衣架特色产业的进程中，衣架产业的地位慢慢获得了国内外的赞赏和认同。除了被授予"中国衣架之都""中国衣架生产基地""中国衣架出口基地"的称号，还获得"第二批专业示范基地"称号。广西荔浦衣架行业成为全国衣架行业的典范，使得中国在国际衣架经济贸易中拥有话语权。并且数家荔浦衣架企业领先参与制定了国家衣架行业方面的标准，填补了衣架产品国家行业标准的空白，大幅推动了"荔浦创造"的水平。

五、社交网络传播渠道与消费者知晓度

在购买之前，消费者会在心目中寻找信息存储信息和选择。如果消费者购买与传播属性趋同的品牌，品牌信誉作为一个信号将得到加强。这意味着消费者大大掩盖了感知到的风险，并最大限度地减少了对外部研究的需求。在这种情况下，该品牌创造了一种体验，从而增强了积极的消费者记忆（Erdem、Swait，1998），降低了搜索新信息的成本。可以说，在购买全球品牌时，消费者尽量减少寻求信息的努力，因为这些产品一般向消费者传达信誉和质量。尽量减少寻求信息努力的问题是降低成本。此处定义的成本并不是指货币成本，而是指搜索信息的所有成本，其中主要是花费的时间。在涉及全球品牌时，寻求信息的成本与消费文化有直接关系，从而导致消费者对这些品牌在许多市场上的消量比较敏感。也就是说，成本信息（思想/消费

者记忆中已经存在的信息）使消费者对购买全球品牌产品的敏感性更高。荔浦衣架在社交商务中的传播促进了社交网络的传播，提高了知名度，降低了信息成本。

2017年9月3日，由荔浦县政府牵头、荔浦电子商务协会联合各大电商平台和衣架企业承办的首届"互联网衣架节"拉开帷幕。活动持续至9月10日。近年来，荔浦县委、县政府紧跟时代步伐，将电子商务产业定位为荔浦经济社会转型发展的"新引擎"，全力打造"全国农村电子商务综合示范县"，制定电子商务发展扶持政策，深入推进"互联网+"与特色产业、农业融合发展，引导衣架企业走电子商务转型之路，从"外贸单一出口"转变为"外贸内贸并进，线上线下融合发展"。据悉，本次"互联网衣架节"将充分利用京东、苏宁易购、淘宝荔浦专卖店、京东荔浦衣架店和京东、淘宝。苏宁易购桂林专卖店以及各大衣架厂商天猫、京东自营店同步联动，开展线上促销活动，还将参加第九届中国桂林国际商标品牌节线下销售。

2020年12月19日，荔浦市第四届荔浦芋文化节衣架博物馆开馆仪式暨衣架家居展销订货会在衣架之都广场隆重举行。荔浦人民坚持"无中生有、敢为人先、开放包容、大众创业"的荔浦精神，历经40多年的发展，衣架家居产业实现了"从无到有，从有到大，从大到强"的华丽"三级跳"，成为荔浦工业的重要支撑。开馆仪式后，现场人员分批次参观了展馆。荔浦中国衣架产业体验展示中心，是国内首个以衣架为主题的新概念产业体验展示中心，也是荔浦向世界展示荔浦衣架的一扇"集成窗口"。以"传奇荔浦·创业名城"为主题，采用"数字化+云数据+互动科技"的展示形式，完美融合了衣架历史文化传统和科技创新两大元素，承载了展示和体验两大功能，集中展现了荔浦衣架的发展历史和现状。

综上所述，荔蒲衣架通过在社交网络中的品牌传播，降低风险且提高了消费者对衣架所代表的消费文化的知名度。这种知名度是个人的心理和行为趋势指向全球品牌。对全球消费文化的知晓度影响购买行为的一般特征，更具体地表现在购买意向上。

第四节　荔浦衣架对广西消费经济的启示

一、发展绿色产业

由荔浦县发展绿色产业可见，桂林要发展以绿色产业为基础的县域经济，需在结合绿色产业的特点和发展要求的前提下，充分发挥桂林市域生态优势，采取"特色+绿色"的发展方式，促进县域经济发展，走出一条符合自身特点的生态发展道路。推动绿色产业发展，积极推进绿色产业项目建设、人才培养与相应规划等。

基于绿色产业发展理念，必须坚持资源开发与保护两者并重的原则。在将生态优势转化为经济优势的过程中，合理开发利用资源，尽量减少对不可再生资源的消耗，突出发展荔浦衣架产业，大力支持鼓励县级企业引进新工艺、新技术，发展高效、无污染、低能耗的绿色生态产业，提高产品附加值；以建设节约型社会和发展循环经济为突破口，实行能源资源管理、加强资源节约；以建设一批循环经济示范企业为目标，重点建设交通、建筑、工业等领域，使一批企业加快节能降耗转型，强化重点节能减排。推广使用先进节能技术和节能产品，加大供给侧改革力度，淘汰落后企业产能，还可以促进和优化荔浦衣架产品回收利用。因此，引领荔浦经济社会发展，必须依靠生态优势向经济发展服务转化，即坚持绿色发展理念，大力实施生态城市建设战略，推进生态工业化、低碳生活，实现产业生态化，同时为荔浦的经济社会发展提供新动力。

二、实施品牌发展战略，增进企业国际形象

商业品牌是一个企业技术水平、产品类型、产品质量等综合实力的表现，是企业最宝贵的无形资产和可持续利用的资源。桂林荔浦衣架在发展过程中积累了丰富的经验。

第一，进一步推动完善衣架行业市场准入标准，创建企业综合转型升级

体系。重视企业的技术创新、设备创新、人员配备、质量管理、安全管理等，仔细研讨制定量化的衡量标准，实施企业准入标准。竞争力不强的企业可以通过标杆管理，对照行业领先企业进行赶超。确定行业评价标准，选定、支持一批创新型产业园区转型升级示范性企业。除此之外，整合行业内企业信息，完善衣架企业诚信档案信息库。

第二，衣架企业要抓住历史机遇，积极打造特色新品牌，荔浦已经成功实现了"广西衣架基地"到"中国衣架基地"再到"中国衣架之都"的历史性转变。衣架企业应该抓住机遇，利用这一荣誉称号的声誉优势，深入推动创造具有产业品牌特色的示范园区。当今，按照广西壮族自治区党委、政府提出的关于创建现代特色林业示范区的决策部署，努力创建自治区核心示范区，推动聚集产业的发展，从而带动全区发展现代化的、具有浓郁特色的林业产业，为成功申报国家产业核心示范区提供可看、科学、可复制、可推广的示范。同时，荔浦县衣架产业公司积极参与国家在衣架产品方面标准的制定，也将成为创造品牌的高效助推器。

第三，政府加大扶持力度、持续完善外贸出口政策体系。要积极利用国家鼓励对外经贸发展的政策，凝聚全行业力量，统一"打包"，形成产业集合链，为广西经济贡献力量。高效整合资源，促进产业集聚，使荔浦衣架做大做强。特别要重视平台建设，加大财政扶持等，完善出口体系，分阶段、分批对龙头企业进行重点扶持，帮助企业提高管理能力，扩大出口规模。支持有条件的企业在海外设立营销分部、仓储物流中心等，为扩展国外市场创造条件。

第四，加大技术创新方面的资金投入。虽然衣架行业的三大核心装备都在持续进行技术升级，但有一部分还是不符合环保要求，应该增设节省人力的自动化生产线、电镀生产线、静电喷漆生产线、除尘系统和智能除湿系统以及最重要的废水回收处理系统。

第五，企业应该奋力实现产品多元化，建立大规模生产基地，扩展品类，开发系列家居用品。国家林业政策的变动，使得原材料供给困难，企业应该瞄准新的原料，增加原料来源，建立后备木材储备基地，以保证公司的可持续发展。

第六，荔浦的特色衣架产业的发展模式给其他产业发展提供了重要的参考。其他行业也可以借鉴荔浦衣架行业发展模式，政府和企业重视品牌建设、鼓励科技创新、进行技术创新、使产品多元化，企业内部实行企业现代科学管理制度等。有效使用各种资源使行业内各企业协同发展，消除同行之间的"内耗"。

第四章 购买壮锦：壮族的文化消费分析

有学者认为，文化商品正在受全球热捧，2019 年全球销售额达到惊人的 2 万亿欧元，预计将在 2020 年进一步增长（Bainand Co., 2020）。成熟和新兴市场都存在文化消费（Deloitte, 2017），这说明文化产品更容易为更广泛的受众所接受。仔细研究各国的消费数据可以发现，各个收入水平的消费者都喜欢消费文化产品。Grouzet（2005）认为不同的文化强调不同的目标。换句话说，一个人的文化规范将影响他或她文化产品的消费。然而，当前许多基于民族文化的跨文化研究未能就文化如何影响人们购买文化产品的动机给出有意义的结果。这些研究大多集中在 Hofstede（1980）的跨文化维度，或跨文化维度的东方化，这些研究的显著特点就是揭示了跨文化的价值观，却没有反映出消费者是如何重视文化消费的。还有些研究人员虽然发现了跨文化的某些差异，但他们无法发现清晰的文化模式。例如，Gentina（2016）、Shukla（2012）发现有些价值观仅对英国消费者有意义，而对美国消费者无意义。Godey（2013）却认为 Hofstede 的价值观研究在集体主义文化和个人主义文化之间没有区别。甚至，Shukla（2012）提出文化产品的显著性对于美国和英国、印度以及马来西亚都同样不重要。例如，Shukla、Purani（2012）发现文化产品的象征价值在英国和美国重要，而在印度和马来西亚不重要。所以，Hennigs（2012）断言在欣赏文化产品的社会价值方面没有明确的文化模式。以上观点表明消费的差异无法用现有的研究来解释。Fischer、Schwartz（2011）的经验证明得出这些不确定性结果的原因可能与给定文化中对价值缺乏共识有关，应该寻找跨文化细分市场中的相似之处（Hennigs, 2012）。Schwartz（2014）认为应该寻找基于共通的文化价值以确定消费行为模型，他提出文化是对个人施加的潜在的、具有行为规范的压力。本章提供了一个壮锦消费的研究视角，探索壮族消费者的文化消费。

壮族的传统手工织锦是我国名锦之一，壮锦和宋锦、蜀锦、云锦统称为中国四大名锦。大约起源于宋代，是中华民族的文化瑰宝。以棉、麻线编织而成，有回纹、水纹、云纹等 20 余种花纹样式，如今又出现了"民族大团结""桂林山水"等超过 80 种新型图案，富有民族风格。其生动的图案、严谨的结构、斑斓的色彩，展现出壮族人民对奇妙的大自然的尊敬和对幸福美满生活的向往与憧憬。

壮锦作为壮族人民智慧劳动文化的结晶之一，是具有代表性的民族特色文化产品之一。壮锦的织造历史由来已久，相传，早在汉朝，智慧能干的壮族人民就利用大自然的馈赠，制作出制衣的布。壮族人民充分利用植物纤维，制作出薄耐夏暑、厚御寒冬的"峒布"。有考古学家在广西汉墓中挖掘出数块橘红色的回纹锦残片，证实汉朝时广西就已经有了较为成熟的织锦经验。考古学家还称，壮族人民在唐朝时就能织出含麻的九种布料。当时还被作为贡品献给皇上，由此可见壮锦做工之精细。在唐朝时期，壮族的一些布料，如蕉布、竹子布等已经成为宫廷的贡品。但是能够真正称为"锦"的纺织品出现在宋代，壮锦在宋朝资料上被当作"白质方纹，佳丽厚重"的布。在宋代，壮族的手工纺织业十分繁荣，宋王朝需要绸绢纳布丝锦，以备军队需要。从四川运来大量的锦，再由壮族人民进行加工，创造，著名的壮锦也应运而生，大量的订单也随之而来。北宋元丰年间，四川蜀锦苑用以上贡的锦帛中，就包含壮锦，由此可见壮锦之名贵。如今，壮锦也已然成为壮族人民生活日常用品，是嫁妆中必不可少的物品，是壮族女性精心编织的手工艺品。历经千余年发展，如今的壮锦已经形成自身独有的体系种类，锦帛以别致精细、图案精美、结实耐用著称。

第一节　文化消费的研究回顾

许多研究表明，对消费者动机、态度和行为影响最大的因素之一是文化价值取向。在跨文化领域，广泛使用三个主要框架来解释文化价值取向如何影响消费者的选择。这些框架是由 Schwartz（1992，1994，2006）、Hofstede（1980，2001）和 GLOBE（House、Hanges、Javidan，et al.，2004）提供的。Hofstede 和 GLOBE 框架都主要关注国家层面的价值（Taras，2016），而 Schwartz 的框架主要在个人层面上对价值进行概念化（Sousa、Bradley，2006），更具体地关注人类价值（Pepper、Jackson、Uzzell，2009）。Hofstede（1980）基于 1970 年左右 IBM 公司在全球 50 多个国家/地区的员工中收集的跨文化数据提出的原始框架包括四个双极文化维度，即集体主义和个人主义、男性气质和女性气质、避免高不确定性和避免低不确定性、高权力距离和低权力距离，在此基础上后来又加入了另外两个维度，长期/短期取向和放纵/克制。Schwartz（1992，1994）认为价值观被组织起来沿着四个更高阶的维度进化，即保守、变化的开放性、自我超越和自我增强。GLOBE 项目（House，2004）在扩展 Hofstede 的基础上通过添加侧重于理解文化的维度的框架价值观和领导力属性，确定了九个维度对文化进行了特征化，即绩效取向、自信、未来取向、人类取向、集体主义、性别平均主义、群体内集体主义、权力距离和不确定性避免。这些维度的影响被用来分析每个社会中消费者的价值观的期望。然而，很多学者就上述研究的适用性提出疑问，并给出了不使用此类框架的充分理由。Steenkamp（2001）发现在全球范围内应用的 Hofstede（1980）和 Schwartz（1994）框架有些重叠。ImmNg、AnneLee、Soutar（2007）在国家层面比较了这两个框架，其结果表现出不可预测性，即有时候 Schwartz（1992）的框架在国际贸易预测中的表现优于 Hofstede 的框架。由于 Hofstede（1980），Schwartz（1994）和 GLOBE 框架在文化消费方面均有不足，那么在接下来的章节我们综合上述框架的特点论述壮族文化消费的机理。

第二节　壮族文化消费的模型

文化的出现经常与社会地位、排他性、价格溢价、传承和真实性等概念有关。但是，人对文化产品的定义具有很强的影响力，因为该术语介于真实的、客观的产品，元素或体验与消费者心目中产生的主观印像之间（Maman

Larraufie、Kourdoughli，2014；Vigneron、Johnson，2004)，这很大程度上受个人审美观念的影响。根据文献，由于个人对独特性的需求和对地位的需求，文化产品经历了高水平的需求。炫耀性消费通常是个人渴望通过消费文化产品来增加自己的感知价值寻求社会地位而引发的（Kastanakis、Balabanis，2014)。因此，文化消费可以基于享乐主义和自我扩展等个人动机，以及基于炫耀性、独特性和品质等人际关系的动机（Vigneron、Johnson，2004)。因为消费者根据个人的看法来转化这些动机，所以文化消费的趋势会随着消费者的先前经历、社会经济背景以及对人际关系的敏感性而改变（Vigneron、Johnson，1999；Wiedmann，2009)。文化的品牌不仅为个人创造价值，还为重要的他人创造价值（Wiedmann，2009)。文化的品牌为消费者创造的社会、个人和物质价值，对于品牌的成功至关重要（Berthon，2009)。已有研究支持了文化产品的个人/享乐和社会/象征意义（Vigneron、Johnson，2004；Wiedmann，2009)。文化消费的功能价值代表了产品或服务在质量和性能方面的作用（Berthon，2009)。它指的是产品的主要属性和实用性，例如其独特性、质量和可用性（Wiedmann，2009)。价值的个体维度关注一个人的主观品位，并且与一个人对消费的价值观相关联。最后，社会价值反映了某些叙事，这些叙事向世界传达了品牌的价值，从而展示了人们的社会地位，并满足了声望的需求（Berthon，2009)。综上，在本章节我们将以壮锦的可用性、独特性、质量以及消费者从消费中获得的社会/状态信号的影响来构建壮锦的文化消费模型，用以诠释壮锦消费的动机，如图4-1、图4-2所示。

一、可用性

可用性即消费者从其消费中获得的所有属性和物质利益。可用性是一个包罗万象的属性，仅与消费者的需求相关（Wiedmann，2009)。可用性体现了物质价值（Richins，1994)，这是消费的主要动机。可用性表示使用价值或面向结果的价值，即从与消费相关的经验中获得的收益。文化产品指的是自我导向的内在价值。拥护自我提升价值观的人们期望产品与自己期望的一样完美（Ladhari、Pons、Bressolles、Zins，2011)。有研究表明，自我增强的价

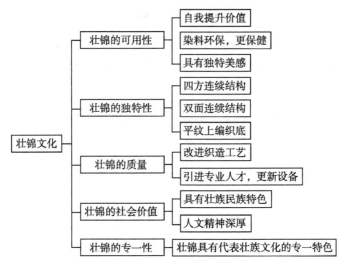

图 4-1 壮锦文化特征

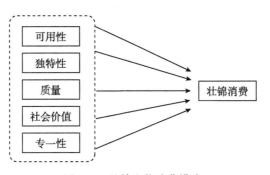

图 4-2 壮锦文化消费模式

值取向与物质实用性相关。Sedikides、Gregg（2001）的研究表明，有消费者正在积极追求自我增强。通过物质拥有自我增强的倾向是消费者的特征（Lee、Gregg、Park，2013）。很少有研究直接将自我提升的价值与文化产品的价值联系起来。物质财产是消费者主张实际自我和理想自我结合的一种方式（Burroughs、Drews、Hallman，1991）。具有象征意义的高价值产品可以体现消费者重视内在需求的心理特征，这些都是内在价值的表现（Cisek，2014）。Sedikides、Gregg、Cisek、Hart（2007）认为，消费者从有名望的品牌中获得物质价值的趋势是基于自我相关的动机。Kokkoris、Sedikides、Kühnen（2018）认为自我增强动机是消费者从有名望的产品中获得的物质价值的基础。在选择有声望的文化产品时，自我参照比普通品牌更突出（Kokkoris，2018）。此类文化产品所具有的物质价值来自品牌在增强自我参照方面所扮演的角色。因此，那些拥护自我增强价值的人们将文化产品所具有的物质价值主要用于内部参照。由此，我们推测消费者基于自我提升的目的与壮锦的可用性是显著相关的。例如，购买壮锦并穿着壮锦的消费者将自我提升价值与壮锦的可用性联系起来。

蚕丝和棉纱是制作壮锦的主要材料。蚕丝是熟蚕结茧时所分泌的丝液，凝固后形成的连续长纤维，也称天然丝，是一种天然纤维。它具有优良的性能，高韧性和良好的弹性。真丝因其细长的特性，经常被用来织造各种复杂的提花织物，很大程度增强了锦缎的质感和美感。棉纱来源于木棉，木棉是一种草本植物，在古代也被称为"古贝"。棉织品可以分为"粗吉贝"和"慢吉贝"两种，粗吉贝颜色较深，暗淡且质地厚重，冬天使用较为合适；慢吉贝洁白柔软、透气，在夏季使用会更加舒适。与麻、葛织造相比，棉织业不需要经过剥皮等复杂工序，还具有能够抵御严寒的优势。天然植物染料也是壮锦制作的主要原材料，包括蓝靛、土朱、绿草、姜黄、草灰、胭脂花等。此外还有用动物性染料（如紫胶）和矿物性染料（如黄泥、黑土）来制作的。壮锦之所以如此美丽精致，正是因为壮族先民在与大自然长期的接触和探索中发现了印染的材料，壮锦也成为最早使用纯天然物质进行染色的锦帛之一。与化学印染相比，植物印染有着天然无法超越的优势。一是植物印染比较环保。如今提倡的环保返璞归真的理念又被人们重新所认识和提倡，保护大自然就是保护人类本身。天然染料最大的优势就是在于其对环境和大自然是无害的，并不会破坏环境卫生，科学环保，还能够持续使用。二是更加保健。很多天然的植物染料同时也能够作为中草药材，所以对皮肤的伤害是不存在的，甚至对人体的皮肤还有呵护和保健作用，如染黄色的姜黄，可以消炎和通经止痛。壮族人民使用的染料都是就地取材的，都是当地气候环境下生长出来的。从进化论的角度来说，使用的染料都是经过优胜劣汰存活下来的，对当地恶劣环境有很强的抵抗能力。既能够充当染料，又能够防治疾病，所以这种纯天然的染料可以当作一种特殊的药物，可以杀菌、预防蚊虫、提神醒脑甚至有防紫外线的功效。三是在美感方面是独特的。因为是来自大自然的染料，具备大自然纯真和真实多彩的颜色，是最符合人类审美的颜色。天然的颜色能够让人精神愉悦，就像人们看见天空、大海、鲜花、嫩草，感觉舒适、怡然、自得一样。而且天然染剂能够提取的颜色远远超过化学染剂，这是化学染剂无法比拟的。天然染剂不仅在色彩种类上超过化学染剂，还在色彩质感上让化学染剂无法比拟。大自然的馈赠和壮族先辈的智慧与探索，为壮锦的图案、色彩、样式的发展奠定良好的工艺基础，使得后来的壮锦越发美丽生动。

随着市场竞争的加剧，壮锦产业的价值链也不断完善和延伸，由以前单一产品的单一价值逐渐转变为单一产品的多元价值。传统壮锦多被用于装饰被褥、头巾、背包、衣物等，产品形式和内容略显单薄，对于壮锦的产品宣传和市场推广不利。广西工艺美术研究所特地聘请了被称为"中国工艺美术大师"的谭湘光作为技术指导，以更好地抢救濒临失传的壮锦技艺，并且研发了印有壮锦传统元素色彩的现代壮锦系列产品，像日常家居中用到的桌布、抱枕以及具有壮锦元素的背包、电脑包、钱包等。让壮锦出现在更多年龄层次、更多生活消费习惯的人们的视野当中。让壮锦出现在不同的产品中，用多元化、现代化和科技化的手法、形式和内容来表现壮锦，不仅增强了壮锦的可用性，还有利于壮锦被广大消费群体接受和喜爱，加大了传播和发扬壮锦文化的脚步。

二、独特性

独特性带来的价值反映了感知到的稀缺性和独家性，使其对消费者更具吸引力（Wiedmann，2009）。先前的研究表明，当产品展示出独特的属性时，消费者对其需求会增加（Verhallen、Robben，1994；Wiedmann，2009）。文化产品的价格一般较高，消费者对独特性的需求是驱动消费的重要原因（Shukla，2012；Tian、Bearden、Hunter，2001）。独特性价值可以增强一个人的自我形象和社会形象，这是由一个人将自己与他人区分开来的愿望所驱动的（Eng，Bogaert，2010；Tian，2001）。因此，受自我提升动机驱动的消费者将尝试通过使用独特的文化消费行为来传达社会地位和声望的与众不同（Torelli，Özsomer，Carvalho，et al.，2012）。自我增强特征的普遍存在（Kajonius，2015），期望他们会欣赏更多的独特性（deBellis、Sprott、Herrmann，et al.，2016；Lee，2013）和稀缺产品。（Lee、Seidle，2012）。他们认为，这与选择的呈现策略有关，以使其与物质世界中的其他策略区别开来。文化消费能够提升和个性化自我，使其对消费者具有吸引力。消费者在个性化或提升自我方面的实现程度与消费者的自我增强动力是一致的。Lee、Seidle（2012）发现消费者对独家和独特产品的偏爱与他们对自己的独特和与众不同的看法一致。这个推论与 Tianetal（2001）的论点是一致的，即消费者寻求独特的文化产品以在社会等级中脱颖而出。独特性对于传达他们的成就，赢得声望和社会力量至关重要（Gentina，2016；Rucker、Galinsky，2008）。因此，文化消费的自我提升的价值与对文化产品的独特性欣赏紧密相联。壮锦的独特性符合消费者的自我提升的需求。

　　长期以来，壮族消费者生活的主要旋律是传统文化和流行文化共同构成的。前文指出壮锦在材料和染料方面４具有独特性，在材料上选择棉纱和蚕丝，在染料上选用天然染料，颇具特色。接下来我们要讲述传统壮锦图案的独特性。传统壮锦的图案主要有三种形式：一是四方连续结构，外骨架为几何形状，内为图案。四方连续结构的骨架一般选用菱形、水波纹等图案组成。或重复编织梅花、菊花、蝴蝶、花篮等自然图案；二是在底纹上编织出带有动植物图案的双面连续结构。大部分底纹也选择几何图案，然后将一个主题图案与左右对称或平衡的图案组合起来，形成多层次的画面。图案主次分明，布局得当。几何底纹以暗底亮花或亮底暗花为衬托，使主题图案具有更加鲜明的视觉效果。无论是双面连续结构还是四面连续结构都可以给人规律、紧凑、整洁、庄重、简洁大方的感觉，自然纹路与几何纹路的紧密结合，可以使整个锦缎既严谨和谐，又生动自然，内容丰富，变化多端。三是在平纹上编织底纹。这是壮锦中最简单的织法和花纹。底纹主要使用重复的水波纹等几何图案。除了源自天然的染色材料，壮锦对于配色的创意来自壮族人民对自然环境的感知，红色与太阳有关，传达温暖、热情和积极的情绪，是喜庆和吉祥的象征；黑色象征着漆黑的夜晚，营造出神秘、庄严、肃穆的意境。壮族人民喜欢突出色彩，以红、黄、蓝、绿为基本色，其余为补色。以鲜艳的色彩为主色调，展现了壮族人民热情开朗的性格特点。用浅色和素色来补充和修饰，表现壮族人民朴素真诚的一面。一件壮锦常采用几种颜色甚至几十种颜色进行混搭，整体效果华丽，层次分明，深浅相宜。

壮锦体现了壮族人民特有的个性，展现出壮族人民对新的体验、想象力持开放包容的态度。它与对审美体验和艺术品的开放和宽容处理有关。这种宽容和开放的态度在文化消费中可能以完全不同的形式出现，例如，欣赏和消费来自不同流派的文化产品，开放可能以不同形式出现，从高度注重专业知识模式，到涉及技术和实用领域的实际模式。即以知识为导向、鉴赏家的消费模式与更务实、更具试探性的消费方式形成鲜明对比。

虽然受织物经纬编织规律的限制，又因为锦绒纱较粗，壮锦的图案形象可能不像苏绣那样的精雕，但织锦艺人根据壮锦的特点，不断发挥他们的创造力和才华，设计简单、生动、夸张、抽象的符合棉纱特性和壮族人民生活的图案。由于这些创作素材的灵感来源于大自然和织锦人的社会生活，壮锦图案具有大众化、民族化的特点。然而，它的工艺和哲学，赋予了自己独特性。当消费者购买具有如此独特性的产品时，会在主观上觉得产品的独特性是在提升自身价值。

三、质量

在许多情况下，卓越的质量是赋予产品地位的必要条件（Wiedmann，2009）。这也是文化消费的必要条件。高质量还可以作为价格高的理由，并向消费者保证他们在购买时会获得社会地位（Shukla，2012）。这种观点类似于质量的概念，质量是一种与消费者必须做出的牺牲有关的价值类型（Woodall，2003）。然而，对文化产品质量属性的欣赏可能因消费者而异（Allen，2000）。在 Holbrook（1999）对消费者价值类型的分类中，质量表示一种自我导向的（例如，由于其对自己而不是对他人的影响而被评价），反应性的（例如，由理解或欣赏的结果）以外的形式（例如，对产品做出响应）和外部（例如，其功能，功利或作为最终价值手段的工具而受到赞赏）的构造。在功利意义很重要的情况下，价值会影响产品的有形属性的重要性。符合人类价值需求的产品属性更加重要，例如，产品安全性对于安全性人文价值高的人而言更为重要。在一项跨文化研究中，Overby、Gardial、Woodruff（2004）发现美国消费者比法国消费者更注重产品的功能性后果。产品质量将为个人提供所需的保证，或减轻个人由于缺乏安全值而带来的不安全感，从而确保将产品消费带来的意外风险降到最低。因此，处于功利、保护与安全的价值取向对文化消费的质量提出了需求。壮锦经过多年的发展，产品质量得到了保证。

壮锦的织造工艺与其他丝织、棉织基本相同，需要经过选料、开松、拣选、打浆。一般用棉麻做经线，绒做纬线，经线一般是黑色的，纬线用五彩线开花。壮锦一般是用不同颜色的丝绒线在平纹织物上编织出各式各样的图案。花样的结构一般由三个梭子完成，称为"三梭法"。在这种"三梭法"中，第一梭为余纬，第二梭为地纬，第三梭为平纬。对壮锦的贴切描述为"远景甚美，近视厚重"。这是因为彩色丝绸与较厚的棉纱混合，没有扭曲变形。上面提到的是壮锦中的彩色提花织物。用作被面的壮锦，由黑白素色棉线织成。白棉质地朴素，黑棉有花。传统的织锦工艺都是手工完成，需要15天左右的时间才能完成一幅一米乘一米的壮锦。不过，改型后的横机织锦速度相对较快，但对操作者的技术要求较高。至于壮锦的图案，需要有经验的工匠调制到底模上，才能织出我们想要的图案和质感的壮锦。

现在，壮锦不仅在织造技术上有了改进，并且从传统的纯手工织造成功转变到半机械化规模生产。比如综丝和提花龙头，都是已经创新了的壮锦，针数大约有600针。它们的底纹一般用两根综丝织成平纹组织；花样由线迹制成，并加入抛色或挖色，使其更加绚丽出彩，生产效率得到大幅度提升。与此同时，对于之前壮锦重量较大的缺陷，经过改良的壮锦显得更加小巧而又精致，更加精美、质感更好。

此外，广西壮族自治区政府拨款700余万元，由广西工艺美术研究所建立的壮锦研发基地，已经成为目前国内最具实力的服装研发生产企业。中国壮锦研究所组织开展"广西文物锦绣复制与开发"系列工程，招募了民间的织锦工艺大师和传承人来进行产品研发和生产，由熟练的工艺人培养新的织锦工匠。此外，壮锦研发基地着手起草了《广西壮锦产品企业标准》，不但在技术上大幅提升了壮锦编织的效率，缩短了壮锦的生产周期，也丰富了广西民族特色旅游手工艺品市场，不仅促进了壮锦织造产业的技术进步和产品结构调整，还最大限度地提高了壮锦的质量。

四、社会价值

文化消费中的社会价值反映了消费者想要在其社会群体中展示的象征和地位。该价值影响消费者评估文化产品的方式，并反映出他们对消费文化产品的渴望，即以此文化产品对自己的身份赋予象征意义（LeMonkhouse，2012）。有研究强调声誉和社会地位在消费中的重要性（Kapferer、Bastien，2009；Wiedmann，2009）。对自我增强的需求可能导致个人基于状态动机消费某些产品（deMooij，2017）。专注于自我增强的人们高度重视诸如社会地位和个人声望之类的目标（Rice，2006；Schwartz，1994），这表明这些人更有动力购买文化产品以实现其社会价值。文化消费的消费者很容易实现自我提升的价值观（Kajonius，2015）。对文化消费者行为的研究（Cisek，2014）表明，文化消费者是地位导向，他们的自我价值取决于他人的尊重和认可，这是在其他人在场的情况下验证其自我信念的不懈需求（Cisek，2014）。他们的自我提升动力源于他们渴望赢得他人的赞赏（Wallace、Baumeister，2002）。消费者潜在的虚构但又脆弱的自我观念，是他们长期寻求外部自我肯定的长期愿望（Morf、Rhodewalt，2001）。根据 Morf 和 Rhodewalt（2001）的研究，独特的社会认知情感调节机制使得以自我为中心的消费者，在吸收批评和他人反馈时非常敏感。尊重和外部自我肯定的需求将增加文化产品对于该类消费者的社会价值。因此，自我提升的价值与对文化消费的社会价值的欣赏紧密相关。

购买精美的壮锦能够体现消费者的品位。在长期的劳动实践中，壮族人用染色棉线和天鹅绒编织成精美的面料，做出了富有精美花纹的壮锦。壮锦体现了壮族人民对于大自然、对于生命和壮族民族文化的尊重与热爱，更渗透着民族文化中最为重要的乐观与积极向上，凝结着壮族人民对美好生活的追求和向往，表达最真挚的感情。在生活基本需求得到满足的同时，还将物质的实用性和人们的精神需求紧紧结合起来，让壮锦真正成为承载民族文化的移动的"活化石"。壮锦的画面和色彩的选择具有壮乡的民族特色，在形式上积淀了深厚的人文精神，具有很高的价值，因此购买精美的锦缎比其他普通产品更能体现消费者的消费品位。壮锦的社会价值体现在以下几个方面。

（一）"寓情于物"的文化价值

壮锦图案装饰主要模拟动植物的形象，体现了壮族崇尚自然的价值观。织锦艺术家的仔细观察和思考，加上大胆的想象和创作，抽象地描绘了周围自然物体的形态，表达了他对世界构成和自然规律的朴素理解和态度。与太阳纹一样，饰以八角形图案，以模拟太阳的辐射纹。蛙纹取自壮族原始宗教对蛙的崇拜。一般来说，当大雨临近时，田野里总会有青蛙。因此，青蛙被壮族人视为晴天的象征，自然出现在壮锦上；除了现实生活中可以看到的实物，壮锦还包含一些虚构的形象。凤凰服饰图案结合孔雀、野鸡、飞鸟的形态特征，刻画凤凰的外貌，寓意吉祥与奢华，体现了对凤凰鸟的崇拜。

大多数壮锦中都有花卉图案。花卉一般是整个花饰结构图案中的主要装饰品。这些图案通常色彩鲜艳。壮族对花卉的热爱源于植物的生长特性。其根源是生殖崇拜文化。由于滨水环境非常适合菊花的生长，因此在壮锦中常有桥纹与菊花。"石榴夹牡丹"是多籽石榴和牡丹的结合体，也有同样的含义。这些图案都体现了壮族对繁衍后代的强烈追求和渴望，是当地婚庆用品装饰中常见的图案。

壮锦因锦而得名，寓意繁荣、锦上添花。壮锦中常见的"卐"字也寓意万事如意、吉祥如意。菊花不仅代表了纯洁、高贵，也代表了吉祥、长寿。因此，在壮锦中常将菊花与"寿"结合。"万寿菊"是无数菊花围绕"寿"字的组合，以彰显长寿。"寿"的寓意是福寿绵延；"鱼跃龙门""双龙戏珠""双凤朝阳"，无不体现着对子孙后代的殷切期盼和对幸福美好生活的向往。它体现了壮族家庭兴旺发达、吉祥如意的朴素幸福理念。

如今，越来越多的文创产品采用壮锦元素进行装点。纹饰中的大部分图案来源于自然或他们生活的环境。壮族在壮锦中巧妙地以夸张、抽象、拟态的形式表现自然界的美好事物，形成了壮族特有的图形语言。将这些图案和装饰运用到珠宝设计中，不仅为珠宝增添了少数民族元素，也丰富了中国传统图案的设计风格。在珠宝设计中，也常用到几何造型，与壮锦图案不谋而合。将壮锦中的民族饰品融入现代饰品设计中，利用壮锦的特色饰品体现饰品的"美"，并结合产品的"使用"功能对两者进行梳理和重构，希望将壮锦纹饰的美丽寓意与产品的装饰性相结合，从而提升文创产品的内涵和价值。

（二）丰富多元的社会价值

织锦工艺的复杂性，使壮锦成为珍贵的物品。不同于普通的手工艺品，它的经济价值是举世公认的，已成为家庭财富的象征。织锦已成为壮族妇女养家的重要副业。在传统社会，壮锦的市场需求量很大。新城土官大力提倡和鼓励农妇织锦。甚至土官的家人也从事织锦，政府会以很高的价格购买成品。直到20世纪40年代，许多居民仍以织锦为生，其收入足以维持一个家庭的生活。当时，新城城关镇有数百户人家，平均每户有两台织锦机。他们主要生产被子和带芯，销往来宾、宜州、宾阳等地。

在"男耕女织"的传统分工模式中，纺织与女性的成长有着必然的联系。壮锦被是壮族妇女必备的嫁妆。壮锦被，花纹越精致，越能显示本家的富贵和新娘的智慧贤惠，越能体现新娘的价值，有利于立业的妇女。在家庭和亲戚中的地位、织锦技艺成为壮族妇女身份的象征。工匠们不仅在创作和编织壮锦纹样的过程中，赋予情感，展现精湛技艺，壮锦还是家庭财富和妇女地位的重要象征。因此，壮锦自然成为传达情感的珍贵礼物。壮族妇女将自己的情感寄托在锦缎中，每逢元旦、逢年过节、走亲访友或婚宴，送给亲友或恋人，以保持情感，传达爱意。

长期以来，壮族人善于利用各种天然材料，在日常生活中加以利用。因此，壮锦的原料选择十分丰富。这些原材料天然、环保且经久耐用。天然环保的材质特性，符合现代环保产品的设计理念。博物馆文创产品极为注重材料的选择，可以借鉴壮锦的天然材料。在珠宝设计中，传统珠宝材料一般采用贵金属、宝石等昂贵稀有材料。现代消费群体不仅追求珠宝的珍贵与稀有，更注重其装饰与创意。随着时代的发展，珠宝设计的选材范围越来越广，设计理念也越来越多。"环保、可持续发展"等设计理念越来越流行。壮锦对天然材料的运用，为珠宝材料的应用增添了新的活力，打破了传统珠宝价值的界限。还可以解构重组广西壮族传统图案元素，与现代时尚品牌服饰相结合，打造具有传统民族特色的现代服饰新格局。用具有创意的民族风格重新诠释时尚潮流品牌服饰，希望增加视觉冲击力，开创和打造新的服装市场。通过研究壮族元素在时尚品牌服装设计中的应用，希望为壮族元素在服装设计中的应用提供一定的理论依据，有利于壮族元素和少数民族传统元素的继承和发展。如今，已经有许多壮族元素应用到时尚潮流服装上，有的让人耳目一新，有的越看越有味道，不仅促进了消费者的购买，还促进了壮族元素的传播和推广。更重要的是，为少数民族元素融入现代化时尚服装的设计提供了理论指导、实践启示和设计路线。

传统壮锦图案在壮族人民的日常生活中不可或缺，生活用品到处可见其身影，如被套、服饰、头饰、儿童服装、背包等。如今在传承民族文化的基础上，在人们不断对图案进行创新改良，壮锦图案的选材越来越广泛且精致了，甚至在厨房的橱柜、客厅的沙发等大件家具中也能看到壮族元素，深受消费者喜爱。壮锦如今不仅出现在家庭常见的生活用品中，还逐渐地成为一种复古怀旧的时尚元素，出现在很多时尚单品和文创产品中。壮锦具有深厚的文化内涵、文化底蕴和审美内涵。将壮锦文化融入生活的方方面面。在带动经济发展的同时，也有助于保护和传承传统文化，实现壮锦的社会价值。

五、专一性

与普通商品相比，当文化产品具有最高品质的外观和感觉，出色的性能并传达排他性和稀有性时，将更能激发消费者的购买欲望（Wiedmann，2009）。类似地，当产品的属性突出了消费者期望的社会地位并反映了其自我实现的要求或提高了消费者的生活质量时，该消费者倾向于选择文化产品而不是普通产品。因此，当文化产品具有较高的可用性，独特性，质量和社会/

声誉价值时，消费者选择文化产品而不是普通产品的可能性更高。壮锦具有代表壮族文化的专一特色。

非遗产业的核心是创新与创意，但如何织出让大家满意的壮锦，以及如何在花样设计上做文章以突出壮锦的产品风格，让壮锦在市场上脱颖而出，形成独特的风格，仍然是壮锦产品面临的最大问题。

随着经济的发展、科技的进步、社会的变迁，很多人都开始注重生活的品质和有品位的生活。在产品设计的制造过程中，要引进先进设备，加大技术创新力度，利用 CAD 专业软件辅助设计，降低成本，提高效率；将传统艺术与现代生活相结合，开发各种主题工艺品，扩大目标市场。务实，富有独特品位，让消费者在购买时，能感受到壮锦独特的工艺，以及其独特的历史文化和民族情感。

显而易见，从以上对壮锦文化的追溯，我们不仅清晰地了解到壮锦文化的内涵还了解了壮锦的发展历程。壮锦已逐渐成为壮族文化的一部分，主要表现在：一是壮锦与壮族的婚服密切相关，体现了民俗特色。二是壮锦为壮族人所珍爱，突出了壮族人的情感价值。三是壮锦工艺精湛，图案绚丽夺目，富有审美价值。

广西壮锦文化体现了广西壮族自治区丰富多彩的节日习俗，体现了壮族同胞对生活的热爱、对美好生活的向往、对自然的敬畏，是壮族人民智慧的结晶。广西壮锦的传承，见证了壮乡人民的生活变迁和历史发展，壮锦不仅是工艺品，也是承载着壮族人民深厚情感的瑰宝，代表了绚丽多姿的广西民族文化。

第三节　壮锦消费对消费经济的启示

文化和创意产业被认为是经济增长的驱动力，2015 年联合国教科文组织报告显示，仅 2013 年，文化产业就在全球创造了约 2.25 万亿美元的收入和 2950 万个工作岗位，相当于全球 GDP 的 3% 左右。随着经济的迅猛发展，人们对生活质量的要求逐步提高，由此衍生出新的消费文化观念，我们的消费市场规模越来越大，我国国务院早在 2009 年 7 月就制定了《文化产业振兴规划》，指出产业文化规模需要持续扩大，并确定了指导思想和基本原则。要更好地发挥产业功能和带动经济社会发展的作用。民族文化产业是利用民族文化资源提供具有鲜明地域和民族特色的产品和服务的产业形式。从世界文化产业的发展历史来看，民族文化产业是推动地区经济腾飞的重要力量。

第一，文化消费的增长可以激发经济活力、扩大内需。消费首先会对地区经济的增长具有强大的牵引作用。在城市化进程的某些阶段中，收入的增长和经济的腾飞必定可以刺激文化方面需求。如今中国正在加快城市化进程，收入增长和经济快速发展的情境下，文化需求正在被快速唤醒，促进文化消费增长符合我国当前发展的实际。类似壮锦的文化消费增长必然带来社会需求的增加和市场的兴旺，可以有效拉动经济增长，推动经济转型升级。文化消费能力的持续增强，对应的市场消费规模也将不断扩大，从而推动文化产业的发展。一个国家和地区的文化消费需求是其文化产业发展的基础，是增强文化产业竞争优势的动力。随着国民经济的快速增长和人们文化消费需求的增加，开拓新的热点已经成为扩大内需的重点，重视文化消费，构建经济发展新格局。国内外的实践也证明，文化消费与国内生产总值存在显著的正相关关系。

第二，产业结构优化、产业升级也是文化消费增长的结果。消费结构与产业结构间是一种互相促进的关系。产业结构决定消费结构，而消费结构也推动产业结构调整升级。文化产业具有很强的产业渗透性和产业融合性。如今大环境下，文化和经济无法单独发展，而是互相融合、互相影响。文化的发展已经渗透到现代经济的各个领域上，经济发展又可以通过和文化的相融合而提高自己的附加值。2014 年，国务院发布《关于推进文化创意和设计服务与相关产业融合发展的若干意见》，就文化和经济融合发展工作提出了要求，在我国经济发展新态势下，推动文化产业是最为重要的一步，而其中的文化创意、服务设计和相关产业深度融合更是重中之重，对优化产业结构、改善生活水平、提高国家文化软实力等诸多方面均有重要作用。目前，文化产业带动工业和第三服务业联动发展已成为不争的事实，文化产业对经济发展的贡献也越来越大。不仅如此，文化产业还可以和传统农业、制造业进行联动发展，以推动传统产业的转型升级。

第三，文化消费增长可以帮助扩展产业新领域、催生新业态。文化产品价值实现的最后一个环节便是文化消费，文化消费拥有很强的灵活性。壮锦文化消费的高速发展可以带动其他相关产业的发展，会产生一些全新文化业态。不仅如此，壮锦文化与旅游、商业、科技等融合发展，可以打开了文化科技、文化创意和文化旅游等新时代新局面，刺激数字媒体的发展。

第四，文化消费增长可以推动经济发展，这归因于其强大的人力资本溢出效应。发展的重点在于创新，而创新的重点是人才。我国明确推动文化产业和相关产业融合发展，打造文化新业态的同时，主张人才培养和文化产业协同发展，以卓越的复合型人才为产业融合提供必需的支持。壮锦文化产业培养传承人，专注于产业集聚和人才培养协同发展，有效利用政策支持和相关配套服务，实现复合型人才和产业的"双集合"，为文化产业可持续发展提供支持。

第五章　饮食消费：壮族与多个民族的融合

　　本章将基于文化适应和信息传播的理论，同时考察社交媒体的使用，分析群体间的接触和信息传播文化适应，并用其来解释壮族饮食消费文化。文化整合策略与信息在社交媒体上的传播之间存在明显的联系，这会影响社交媒体用户对消费行为的适应。适应理论在 19 世纪末 20 世纪初，在心理学、社会学与人类学领域提出（Park、Burgess，1921；Redfield，1936），经常用于解释适应过程的复杂性，以及人与人之间的互动，彼此持续接触时的文化交流。基于他们对自己和新文化背景的看法（Berry，1980，1997），一些消费者选择同化、融合的文化适应策略。例如，有些人通过与自己的文化保持联系，同时采用新文化的一些实践和信念进行整合。但是文化适应的过程似乎很复杂，并且在文献中，学者们并不能取得一致的意见（Berry、Sam，1997）。人们从一个地区迁移到另一个地区，永久地或暂时地暴露于不同文化、食物、衣服和习俗中。社会化促进人们学习文化的细微差别，需要适应至少两种文化的相互作用，帮助人们适应和吸收新文化的价值观和标准的过程（Mendoza，1989；Rudmin，2003）。迁移使人们适应未知的环境、食物、健康、经济、社会和文化条件，这常常给他们造成相应的心理压力（Simons，1901；Tajfel、Turner，1986；Berry、Sam，1997；Marsh、Sahin - Dikmen，2002；Luedicke，2011）。但是随着互联网的出现和社交媒体的日益普及，人们已不仅是与其他生活的适应，还包括了饮食习惯、思想意识等方面的融合。当前有些研究针对跨文化整合，以社交网络为载体，通过社交媒体进行研究出现的虚拟文化如何通过增加信息传播来促进同化与融合。社交媒体和互联网平台可以增加人们与从未接触过的多元文化接触，因此生活是可以远程适应的，并不需要迁徙（Ferguson、Bornstein，2012）。在研究中，Ferguson、Bornstein（2012）将其解释为一种新的适应文化形式，这种文化形式可以通过社交网络的不连续和/或间接相互作用而发生。

特别需要指出的是，当前大多数适应理论主要关注人们的迁徙和流动中对新文化的适应，但是对于原有地域中的人们如何适应迁徙进来的新的文化关注不多。同时，由于社交媒体平台在同化，整合或文化适应中可能并不总是同质的，事实是它促进了具有相似价值观和信仰的群体之间的互动，而不论其地理距离如何（Phillips，2008）。Bjork、Magnusson（2009）指出个人更可能通过拥抱、处理和使用新信息来产生新想法。社交媒体促进了信息的传播，这是一种特定信息或知识的传播过程，是通过社交媒体上的互动传播到个人的（Zafarani，2014），但是当前也很少有研究探索这种关系。文化被视为个人在与他人互动过程中获得的学习经验，它包含饮食习惯或消费等传统的变化。饮食习惯基本上是可预测的和稳定的，是这一动态过程的一部分，在文化的变革过程中，该过程反常地经历了连续不断的进化（Fieldhouse，1995）。作为一种文化象征（Verbeke、López，2005），食物是人类从童年开始学习并抵制改变其饮食习惯的重要属性之一（Cervellon、Dubé，2005）。尽管现有文献主要关注传统文化适应理论，但没有尝试将社交媒体的使用与饮食习惯的影响联系起来。在本章节，我们将探索壮族消费文化与外来文化之间的关系，尤其是社交媒体在其中的影响。

第一节　文化适应的文献综述

民族认同和文化适应作为驱动消费者适应的两个相互依存的因素受到了学者们的关注（Persky、Birman，2005；Penaloza，1994；Penaloza，1995；Phinney，2001）。这些研究表明民族通常以语言、衣服、饮食习惯或其他一些常见属性来区分（Maldonado、Patriya，1999）。Appiah（2001）指出民族也可以使个人的行为和态度区别开来，是其核心文化价值的代名词。这通常包括语言、饮食、习俗、着装等。有学者认为具有不同文化背景的群体连续不断地进行接触，而其中的任何一个或两个群体的原始文化模式都在随后发生变化，Berry（2005）在此基础上提出文化和心理变化是双重过程，这种变化是由于两个或多个文化群体与其个人成员之间的接触而发生的。上述定义可以理解为当一个人由于从一个地方到另一个地方的物理迁移而经历跨文化接触时就会出现文化适应。

一、适应的结果和策略

对传统文化适应的研究表明个体会经历不同程度的文化适应压力和当不同文化群体互动时被边缘化的感觉（Berry，1987；Forbush、Foucault-Welles，2016）。为了应对这种适应性压力，人们选择了不同的适应性策略，这些策略在文献中也被称为适应性结果（Berry，2005；Berry，2008；Cappellini、Yen，2013；Forbush、Foucault-Welles，2016）。Berry（2008）描述了个人经历文化适应的四种反应：同化，即采用主流新文化并放弃其原始文化；融合，其中包括新文化和旧文化；分离，即他们退出新文化并保持其原有的文化；边缘化，即他们退出两种文化。对不同适应结果的研究在消费者研究领域中也可以看到，例如食物（Cappellini、Yen，2013；Laroche，2005）、媒体和服装（Lee、Tse，1994）显示移民与其民族和东道国文化的关系（Rossiter、Chan，1998）。关于消费者或移民是否适应东道国文化，仍存在争论。他们中的许多人认为，一般而言，移民从两种文化中选择和接受，从而导致综合的文化适应（Askegaard，2005；Oswald，1999；Penaloza，1994）。Ustuner、Holt（2007）的研究是一个例外，该研究证明了文化的容忍是一种分离结果，即移民通过日常消费实践继续保持其原始身份，并通过主流市场机会或边缘化来追求主导文化，在这种情况下，由于不同的种族、年龄、性别、职业和与主人的交往方式，这些适应的结果可能会有所不同。

二、影响适应结果的因素

促进或反对适应结果的因素可能根据移民的社会关系的前因变量和全球消费者文化而有所不同（Cappellini、Yen，2013；Cleveland，2009；Penaloza，

1994）。诸如年龄、语言能力、宗教信仰、性别、就业状况，到达的时间/迁徙的时间和种族身份等前因变量在影响文化适应过程中起着重要作用（Penaloza，1994）。家庭、朋友、媒体、零售企业、学校也是影响文化适应过程的因素。原因是它们代表了家庭文化和寄主文化的生活方式，价值观念，规范以及客体和消费习惯（Cappellini、Yen，2013）。家庭和寄主文化成员的移民可以影响并重塑他们的消费选择。社会关系可以概念化为牢固的关系（例如密友）和弱关系（Granovetter，1983）。其他研究也显示了社交网络在不同过渡时期的重要性（Caligiuri、Lazarova，2002；Forbush、Foucault-Welles，2016）。Chung、Fischer（1999）证明不同的纽带以不同的方式影响消费。Askegaard（2005）强调了全球消费文化可能是影响适应过程的另一个因素。由于全球化，消费文化不再局限于一个国家，它已经成为代表多种民族文化的多极消费主义的代名词。Berry（2008）还指出全球消费文化已成为人们日常生活的重要组成部分，因此可能成为文化的起点。但是，尚不清楚在线平台上的社会关系和各种信息的可用性在不同的文化上是否会影响文化适应的结果和个人的消费。

三、远程适应与常规适应

跨文化交流和社会群体交流主要是在东道国移民组织内进行的。然而，由破坏性技术和世界秩序中的多极化推动的快速全球化促进了国家、文化之间的人、思想和商品的多方向流动（Jensen，2011）。这在迁移的范围之外激发了群体间和文化间互动的新方式并开辟了一种新的适应方式，即远程适应。传统的文化交流需要面对面的人际接触（Redfieldetal，1936），社交网络的文化交流为文化不同的个人或群体通过社交媒体互动提供了无限的可能性。Deyetal（2018）认为社交媒体的使用通过衣服和时尚以及它们的外观、位置和其他物理证据来描绘现实生活中的更具体方面，从而有助于缩小现实生活与虚拟生活之间的差距。

四、文化适应和食物消费

传统的适应性研究表明人们的文化和民族认同感融于日常穿着，以及他

们的食物选择对不同文化的食物的抵抗力如何变化（Cleveland，2009；Pe-
naloza，1994；Ustuner、Holt，2007）。饮食习惯在生活的早期就已养成，并长
期存在，因为它们被视为象征性的对于特定文化而言有意义的行为
（Cleveland et al.，2009，1995）。此外，食物被认为是重要的构成文化关键表
达的要素。任何涉及文化适应分析的研究，都要注意食物消费的细微差别。
例如，Chung（2000）讨论了与其他少数群体相比，中国移民表现出与食物消
费相关的强烈种族保留。Vieregge（2009）的研究显示居住在瑞士的第二代甚
至第三代中国移民在家中还有吃中餐的习惯，在其他地方优先选择中餐馆，
而不是其他。在中国人口中，如此高的文化与西方美食的分离与以食物为中
心的文化有关，在这种文化中，食物在中国人的生活中起着非常重要的作用
（Simmons，1991）。同样，Uhle、Grivetti（1993）比较了巴西人和瑞士人，并
发现巴西人即使在地理上和文化上与家乡分开一个多世纪，仍然保留了许多
传统的饮食习惯。但是，现有的大多数研究与适应相关的问题都集中在移民
上，对于本土人士如何适应外来文化的研究不多，而通过互联网和社交媒体
之类的交流方式适应外来文化的研究就更为缺乏。

五、饮食消费

食物的制备和食用，也称为食路，通过向执行这些行为的人提供民族饮
食习惯，从而促进群体内部各个层次的互动，并且以多种方式进行（Ishak，
2013）。人们认为，媒体鼓励通过食路分享各种民族食品（Ishak，2013）。因
此，在给定的背景和社会中，了解消费者的选择以及文化，技术和（远程）
适应的影响对于实施饮食消费至关重要。

六、社交媒体上的文化适应和信息传播

尽管先前的研究发现表明适应是双向的变化的过程，但是它主要集中在
少数群体对东道国文化、习俗或传统的移民与大多数人接触上。在一个社交
网络时代，不需要物理接触即可促进个人的变化。科技的新兴力量发展到现
在，使人们无须直接和持续接触就可以进行文化交流。这种（远程）适应的

现代类型涉及间接和/或地理位置分散的群体之间的接触。人们如何应对自己与其他文化的接触而无须实际接触，仍未得到很好的研究（Kizgin，2018；Li、Tsai，2015）。互联网促进了用户相互联系，无须物理接触即可创建和交换内容。社交媒体已成为帮助文化适应或文化适应过程的重要力量之一（Chen，2008；Croucher，2011；Tufekci，2008）。社交媒体用户现在能够拓宽社交网络并连接到新的信息和思想，而这些信息和思想先前是无法访问的（Kizgin，2018；Leonardi，2014；Treem、Leonardi，2012）。此外，一项研究（Miller，2016）认为我们不应将社交媒体视为与普通生活分离开来，因为社交媒体已成为我们日常生活重要部分。从人类学的角度来看，并且由于其对人类学偏见的影响，社交媒体使世界变得更近了（Miller，2016）。社交媒体不仅仅是信息传播的平台。社交媒体使用不是要与现有的传统文化适应研究相矛盾，而是要扩大关于文化适应性的发展。在线社交网络现已成为一个平台，成千上万的 Internet 用户在这里创建、分发和使用用户生成的内容。社交媒体以无与伦比的规模增加了对无限信息的可访问性，它通过增强信息交流和多样化观点在信息传播过程中起着至关重要的作用（Geetika，2014）。社交网络的用户共享信息（Henry，2017；Yang、Counts，2010），社交媒体网络势在必行发生着信息的有效传播（Guille，2013）。

以上研究表明，社交媒体在适应过程中有影响，但缺乏研究解释文化适应是如何受到社交媒体上信息传播的影响的（Li、Tsai，2015）和它在食物适应消费行为的适应中起到什么作用。

第二节　壮族与各民族融合及饮食消费的机理

一、传统适应与社交媒体中的适应

文化适应是自愿性质的（Penaloza，1994）。适应可能导致各种结果，例如同化、融合、分离和边缘化。但是，因为文化融合纯属自愿，所以社交媒体上的文化融合没有边缘化的特征。社交网络上大多数参与者都表现出内部推动力，这也意味着社交媒体可促进信息交流而不会强迫任何在线用户适应。最重要的是，没有任何压力或负面情绪的迹象（Croucher，2008；Kramer，2003）。大多数表现出融合的标志（Berry，2008），以保持祖传文化和外来文化的融合。

广西地处热带和亚热带以及温带的交汇地区，气候环境复杂多变，使得该地区人们的传统习俗、生产方式、生活方式和宗教信仰都存在较大的差异。广西的南部是海，北部南岭山脉。森林植被覆盖率较高，大小河流纵横交错。各民族的食材、食具、礼节和思想来源也比较多，形成了具有广西地区民族特色和风格的饮食文化。广西地区的少数民族大多以大米为主食，以各种各样的杂粮为辅食。随着时间的推移，少数民族人们的饮食文化也在与时俱进，发展为各具特色的区域性和民族性的文化。尽管每个民族二代食材用料没有很大区别，但其口味却大不相同。长期以来，广西与外界经济文化始终保持着密切的关系。特别是进入新时代，人口不断增长和频繁流动，各色菜系也在不同地区交流传播。广西首府南宁与其他地区的跨文化交流更为频繁紧密，有很多主营粤菜的餐馆，也有很多北方、东南亚餐厅。

此外，粤菜在南宁也很受欢迎。主要原因是地缘的毗邻，传播方便，同时也因两广人饮食习惯相近，粤菜成为广西饮食中不可或缺的一部分。例如粤系名菜之一的白切鸡早已在广西饮食中成为"常客"，几乎每家每户都会做这道佳肴。两广人民作为古代百越人的后裔，文化差异并不大，所以交流起来的阻力极小，又因为两地饮食习惯上的相似，使得粤菜进入广西异常容易，也深得广西人们的喜爱。总体来讲，由于广西特殊的区域位置而产生了酸口、清淡和喜欢品尝凉茶的饮食特色。同时又因为独特的人文历史环境，广西各民族的文化传统对其本身饮食文化的塑造产生了重大影响。尽管广西没有自己的美食体系，但由于地理位置与广州美食的发源地广州相邻，很大程度上受到广东美食的影响。广西饮食文化是地理环境与人文环境相结合的结果。

广西还开了许多美味正宗的北方面馆。面食在广西也颇受人们欢迎，好吃的面馆有时候还需要预约，来晚了就吃不到招牌美食呢。一些味道纯正的面馆，不管是在卖相上还是味道上都深受消费者的喜爱。面馆老板们精心制作，原料、调料均采用新鲜食材，保证口感独到。还有些老板对面条的做法进行改良创新，经过无数次的询问尝试和改进，从面粉发酵、汤底、酱料到配菜，都精心调配，尽量做到色香味俱全，还在店面装潢上下功夫，让路过的人们被温馨的氛围吸引，因独到的口感流连往返。

如今，在发展自己独特的地方饮食文化的同时，由于旅游业的迅猛发展，为了满足群众的多样化需求，广西许多地区都有各种改良的面馆和东南亚美食餐厅。进一步提高了旅游体验质量。游客不仅可以品尝到壮族的特色菜，还可以品尝到全国各地的美食。来到广西不仅享受了壮族的特色美食，欣赏了壮族的文化风格，而且感受到了文化融合带来的独特体验。在享受各种美食的同时，还增加了知识，并获得了精神上和物质上的享受。近年来，广西成功举办了东南亚国际旅游美食节和巴马国际长寿文化旅游节，在饮食文化发展上取得了可喜的成绩。餐厅环境的布局融合了当地文化，使游客可以在用餐时获得特殊的体验。

大多数人对自己不熟悉的事物感到好奇，他们愿意尝试、体验甚至想拥有它们。社会经济发展迅速。今天，百姓的生活质量已得到了极大提升。经济繁荣满足了人们对物质和精神的追求。如今，人们愿意也有条件去尝试更多的新鲜食品，北方面食、饺子等美食，还有离广西较近的异国美食——东南亚美食也逐渐出现在广西消费者的餐桌上。如今广西人民不仅保留自身独特的饮食习惯，在饮食文化交融的时代，还逐渐适应并且喜爱上来自北方的饺子和面食以来来自东南亚等地的口味丰富的美食。

二、社交媒体对文化适应的影响

社交媒体平台的用户主要使用社交媒体查看多媒体内容，发起对话，并建立新的联系并开始了解新的文化、传统、食物和风俗习惯。除了与社交联系人进行交流，消费者还使用社交媒体浏览与各种美食主题相关的第三方内容，希望与新人、文化团体联系并了解更多信息。社交媒体信息获取所提供的自由和灵活性适合于文化适应。通过社交媒体进行适应压力较小，并且尝试新的饮食习惯，烹饪或消费时也不会感到尴尬，因为这可以保护隐私和有更多的适应时间。

在微信、抖音等社交媒体上，广西壮族消费者们欢快地分享各种地方的美食。在向更可持续的食品和饮食转变方面媒体发挥着重要作用。社交网络已经被证明可以改变消费者搜索和选择产品和服务的方式。社交媒体，正在成为重要的信息来源和传播手段，包括关于食物的信息来源。社交媒体还可用于增加食物选择、获取食谱，提供展示成人烹饪技术或食物的平台，在某些情况下，还会在成年人中造成对做出正确食物选择的困惑。消费者们可能不信任大众媒体上大量的信息，或者会感到困惑。因此，他们向虚拟团体和消费者协会寻求食物建议。如一些美食节目，制作中国美食并展现给大众，突出中国独特的饮食文化，以及其中的蕴含着的精神文化。如今，饮食文化与现代社交媒体的紧密结合，使得少数民族的饮食文化传播到全国各地，有助于加强饮食文化的交流和融合。

为了传承和发扬广西壮族人民美食文化。广西有关政府部门可以提供支持和帮助，多在官方媒体等具有流量的平台上宣传少数民族的饮食文化。壮族人民不仅可以利用社交网络平台对饮食文化进行传播，还能在饮食文化交流的基础上进行文化交流。让全国各地的人民感受到壮族人民温暖幸福的美味，同时还让海外侨胞和国外友人感受到中华民族的热情与文化。广西人民在微信、抖音等国内媒体上分享自己独特的美食文化的例子如柳州螺蛳粉，不仅在全国范围受到欢迎，而且已走出国门，在全球范围内掀起了一股螺蛳粉的热潮。

短视频越来越受欢迎，逐渐占据了人们零碎的时间，人们对短视频这种生动鲜活、清晰直观的呈现方式十分喜爱。美食在短视频中的传播也愈加普遍，人们通过观看短视频了解到各地的独特美食，并分享自己吃过的，身边存在的美食，形成了碎片化生活下新的视频生态圈。

在新时代大数据的推动下，广西少数民族的美食正在通过现代社交媒体这一先进渠道进行更为精准而又快速的传播，在线传播的特点是受众广泛、传播速度快、渠道多、互动时间长。它依赖社区交流平台，公众可以为民族美食开辟一个作用更多、更接地气的信息渠道中心，以便将其直观地呈现给公众。最初的短视频以推广增加人气热度为基本目的，如今已基本实现用户的全面覆盖，短视频的传播呈指数级增长，内容制作逐渐趋于专业化。在机遇和挑战面前，对于广西壮族人民的美食宣传推广来说，社交互联网时代的技术是机遇也是挑战，如何进一步创造民族美食独特的价值和文化理念，实现"技术+内容"的理念拓展，值得思考和探讨。

壮族人民可以通过互联网获取信息和分享经验。例如，依靠网上口碑信息进行沟通与消费者保持良好的准社会互动关系。消费者对食品博客内容的信任程度会影响他们的食品消费行为。因此，壮族人民可以通过互联网推广其民族美食，并通过在线品牌社区、社交媒体、论坛、网站、博客和在线游戏网站与客户建立联系。壮族人民可以通过在线口碑宣传他们的产品，以加深对其产品的认识，并激励消费者讨论。

广西美食在社交媒体上的传播也丰富多彩，下面以柳州螺蛳粉为例进行具体分析。如今的螺蛳粉可谓是火遍全球，成为营销领域和美食领域的顶流。螺蛳粉可以说是长在了热搜上，五花八门关于螺蛳粉的热搜数不胜数，热度和专注度持续上升，经久不散。螺蛳粉一度供不应求，甚至走出国门。一包螺蛳粉让更多外国友人和在国外的同胞们享受到中国美食的魅力和中国强大的力量。

螺蛳粉可以创建自己的零售平台，或在其他平台上存在。由于每个社交媒体平台都是独一无二的，营销人员使用社交媒体平台的方式不同于其他平台。零售商品牌通过各种"社交媒体活动"发布产品/服务信息，如视频、推文、帖子和图片，以显示其用户/客户的"社交媒体网络"。因此，螺蛳粉零售商品牌可能会以视频传播、推文被转发、微博帖子被分享以及接收内容、反馈和批评等形式在网上获得轰动效应。螺蛳粉零售商品牌的反应也不同，因此我们提到"社交媒体活动"或"网络"或"零售商的社会群体"等，以表明螺蛳粉零售商品牌对社交媒体的多样性特征和使用。螺蛳粉零售商品牌利用社交媒体平台创建营销活动，吸引社交媒体用户，并赢得年轻一代群体的青睐。这导致创建更广泛的"螺蛳粉零售商品牌的社会群体"，并在社交媒体平台上，与社交媒体用户建立联系，满足消费者对社交参与度和响应能力的期望，有助于螺蛳粉打响自己的品牌。

据统计，2020 年上半年，柳州螺蛳粉销售额近 50 亿元。超高的销售额和社交活动的互动表明，螺蛳粉深入人心。随着螺蛳粉的热度高居不下，各种品牌想要与螺蛳粉进行联合营销，再次将螺蛳粉送到了流量的风口。

随着螺蛳粉的热销，柳州也吸引到美食爱好者和一些旅游人士的到来，也让人们更加关注广西。广西人民也纷纷在互联网上分享本地美食，老友粉、五色糯米饭等极具广西特色的美食也逐渐崭露头角。越来越多的人了解到广西的地方美食，到广西来品尝美食并发布到社交媒体平台，让更多人知晓广西饮食文化。不仅传播了广西的美食，也进一步推动了广西的经济发展。

三、社交媒体适应对食品消费的影响

广西消费者表现出比较大的开放性以适应北方和东南亚的食品和饮食习惯。广西消费者引用社交媒体信息并通过直接的社交互动来增强其适应不同饮食习惯和消费行为的能力。

社交媒体通过快速和密集地分享图像和信息，塑造了社会、个人规范和态度。社交媒体的相互关联性使个人能够迅速接触到他人，这种接触可能会影响个人规范和行为。特别是，对于社会观注度较高的问题，社交媒体可以显著影响个人行为。社交媒体在影响个人规范、价值观和态度方面的作用显著。如今，互联网的迅速发展和社交媒体的普遍推广，已经影响了很多行业及消费，对食品行业和食物消费也影响颇深，可以从以下两个方面看出。一方面，在消费渠道上，如今人们对互联网的喜爱和依赖程度越来越深，大多数人享受足不出户就能享用到美食的体验。网购成为大多数人的选择，网购食品所占的比例大幅上升。无论是日常食品，还有富有民族特色、较难在线下购买到的食品，在网上的销售都较为畅销。另一方面，从信息来源来说，朋友圈和各种人们常用的社交软件成为消费者们获取信息的来源，人与人之间对食物的相互交流和品鉴，对食品消费起到了极大的推动作用。

如前文所说，一般人都对自己陌生的东西充满好奇与新鲜感，广西消费者自然也不例外。消费者不断尝试新鲜食物，北方和东南亚食品等饮食习惯逐渐出现在广西消费者的日常生活中。

少数民族文化逐渐适应最终与其他文化融合共存，这不仅是一个自我认识、自我进步的过程，也是一个保持自我学习、开放包容、交流合作的过程，更是一个为增添城市风采、增进民族文化的进程。广西城市文化的繁荣发展离不开与其他城市的交流碰撞，离不开与其他民族的相互包容，离不开与其他文化的融合与摩擦。这是历史潮流的发展趋势，是历史资源的不断堆叠，也是民族文化资源吸收整合的过程。壮餐融入南宁这座大城市中，加强了壮族饮食文化与大都市其他文化的交流，增强了城市文化的多样性，使壮族餐饮文化在人口众多的大城市中能够与其他文化相互碰撞、交流、促进。

在各种社交媒体上，无论消费者有意还是无意的讨论交流，都反映出消费者对社交互动的正向接受态度，并且在社交媒体上讨论已经逐渐成为人们日常生活中再平常不过的活动，通过公众交流可以传达消费者对食物的特定需求，而食品消费品类话题更加贴近生活，更有可能成为容易引起讨论和大众共鸣的主题。因此，可以通过社交网络尤其是社交媒体的力量挖掘消费者的需求，通过这种方式获得的信息可能比简单的市场调查结果更加具体和真实。

在如今全球化进程加快，科技进步迅猛的冲击和深层结合中，壮族人民可以选择性地接受一些外来饮食文化的传播，力争在最大限度保持本民族传统文化特征的同时，打开味蕾迎接更多的美味。壮族最富民族特色的美食五色糯米饭等，虽然从经济价值和外观来讲，并没有办法和精美包装的工业化成品进行较量，但是作为壮族人民最主要的食物。历经千百年的发展，已经不仅仅代指一种食物，而是对壮族人民日常生活的各个方面的渗透、延伸和扩展。五色糯米饭在某些特殊的宗教、仪式、结婚等场合中还被壮族人民赋予了特别的文化意义。在壮族和汉族的互动中壮族对于五色糯米饭的态度，除了作为维持基本生命活动所需的营养食物，也成为在壮汉民族之间表示不同的族群性特征标志。将外国食品和工业食品引入壮族食品体系，不仅是技术和材料的组合更新，也是民族文化重建的过程。五色糯米饭在壮族的饮食活动体系中不再具有区分"我族"和"他族"的象征意义。在饮食文化上壮族和汉族之间长期的文化沟通更多地呈现出一种积极的双向互动，所以汉族饮食文化对壮族的饮食文化结构影响较为明显。处于同一地理空间的壮族饮食文化正在为其他民族所接受。

四、社交媒体上的信息传播与食物消费行为改变

广西的消费者通过多次共享和互动传播信息的网络。他们喜欢、信任和认可与朋友在社交网络上共享的食物相关信息，利用社会影响力促进行为的持续和有效。社交媒体上的大量信息以某种方式影响了他们的饮食习惯、烹饪方式以及对食物的看法。例如，壮族消费者逐渐改变他们的饮食习惯，开始尝试吃面食。社交网络中的信息传递和体验传播也为营销人员带来了机会。关于饮食的社交网络讨论可以迅速传播对公众的刺激影响作用是显而易见的。由于网络成员的语言和行为极易影响消费者，因此很容易在社交网络中形成独特的消费文化。壮族消费者在社交媒体与他人互动交流，也会被社交网站上的消费规范所影响。别人的饮食习惯可能会影响壮族消费者的饮食习惯。壮族消费者会被不一样的饮食习惯所吸引，好奇食物的味道并进而进行尝试。壮族消费者会被社交媒体上一些知名的传播者所吸引，观看别人吃什么来指导自己的饮食消费。我们发现了在社交媒体当中，壮族消费者的饮食消费行为出现了多元化融合的现象。社交媒体是提供信息传播的平台，极大地促进了在线用户之间可持续的消费行为改变。信息传播的干预措施构成鼓励食品消费者中可持续消费行为的基础。

综上所述，本章认为"传统适应与社交媒体中的适应""社交媒体对文化适应的影响""社交媒体适应对食品消费的影响"共同导致或者说产生了"社交媒体上信息传播与食物消费行为"的出现，壮族食物消费出现了融合的现象，如图5-1所示。

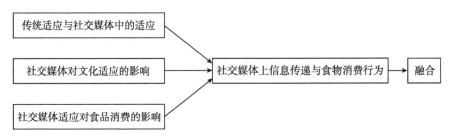

图5-1 壮族食物消费的机理模型

第三节 螺蛳粉饮食消费对消费经济的启示

一、饮食行为驱动经济生产的需要

中国经过数千年的发展已经形成了包含饮食制作与结构、营养保健及器具和饮食方面的审美等多个方面的饮食体系。伴随着经济社会的发展、生活水平的提升,人们已经解决了基本的温饱问题,进而有了更高层次的饮食追求。加上柳州螺蛳粉的消费升级给广西的餐饮业带来了高速发展和有效转型的机会。经济的腾飞和现代企业模式的改变,导致目前广西餐饮业更多承担了部分社会职能和家庭职能,例如提供工作餐,支持在家庭烹饪中将妇女解放出来。迄今为止,广西餐饮业仍具有很大的发展潜力与空间。回顾10余年前,广西各地的餐馆数量较少,尤其是县城乡镇,人们在外吃饭就餐选择的余地不多。如今广西餐饮业发展势头越来越好,各类餐饮产业、企业和商户规模扩大,品类增多,从快餐店到酒楼,从中餐到西餐,在较大的城市中餐饮行业品类更是应有尽有。随着中国不断加快现代化发展步伐,广西GDP也在不断增长,广西餐饮业受社会层面的稳定进步和人们生活水平的持续提高而又有了更加广阔的发展空间,市场需求方面仍有大部分空白。数据统计显示,广西餐饮业的销售总额在社会消费品销售总额中的占比逐年增大,成为第三产业中的支柱产业之一。2007年GDP达到5885.88亿元,其中第三产业增加值为2285.91亿元。到2011年,自治区统计局的数据表明,广西餐饮业实现消费品零售额 327.65 亿元。广西餐饮业的健康、快速发展，是区域经济发展的重要助推器。

二、饮食参与经济发展的方式

在 2014 年，习近平总书记发表的重要讲话中谈到，我们要抓住人民最关心最直接最现实的利益问题。餐饮业是技术含量低的劳动密集型产业，相比其他行业领域，对参与者的技术要求也较低，可以解决大量基层劳动者的就业问题，间接促进地区生产力发展和社会稳定性。

发展螺蛳粉餐饮业对推动广西地区社会经济发展起着积极作用，主要体现在以下三个方面。一是餐饮业的改革与发展，大大推动了广西经济增长。新中国成立以来，广西餐饮业营业销售总额不断刷新历史纪录，极大促进了广西经济发展。二是拉动广西旅游产业发展。在物质需求得到满足后，人们对精神生活的要求越来越高，如今不少游客把享受食物和体验各地美食文化作为旅游的重要环节，甚至是旅游的主要目的，因而餐饮业和旅游业可以达到相辅相成，相互促进的积极效果。三是带动其他相关产业的生产和发展。餐饮业对于第一产业的农、林、牧、渔等产业来说，是主要的产品销售对象，餐饮业的迅猛发展势必带动上游产业。此外，如外卖等服务业也与餐饮业有着密切联系。所以餐饮业的发展可以持续带动与之相关产业的发展，增加就业岗位，促进经济社会的发展。

三、重要的现代产业——餐饮服务业

餐饮行业可以向人们提供多种多样的物质服务和非物质服务，并且餐饮业和其他相关产品拥有密切的关系，尤其是畜牧业、水产养殖业和农业。饮食文化的变化还有助于发展第三产业，如文化、休闲娱乐、外卖服务等。餐饮行业的特征包括低投资成本、低技术含量、低门槛，市场潜力是巨大的。餐饮行业可以吸收大量市场劳动力，缓解我国现阶段人口基数大面临的就业困境，因此餐饮行业也与维护社会稳定性有着密切关系，能够形成一定社会综合效应。如今我国经济不断发展，综合实力也得到迅猛提升，对外开放力度持续增强，餐饮行业需求量持续增大已成必然，同时对餐饮行业的生产、产品、服务质量也提出了更高要求，也是我国餐饮行业未来需要优化和思考的方向。

总的来说，广西美食要想获得发展，需坚持以下三个发展方向：一是时尚化。广西美食要保留其原有的独特口味，展示出其个性和特色，要有能与其他美食区分开来的特点。这样更容易让大众记住，受到消费者的追捧和喜爱。因为，现代的人们都喜欢在各个方面追求和展示自我的个性，在饮食方面也颇有体现，饮食自由也是现代人追求生活自由的一方面。因而，广西美食应该保留传统的美感和口味。二是返璞化。与现代都市快节奏的生活形成鲜明对比，人们对于简单的田园生活和饮食习惯心向往之，更加追求田园化、农家化，以求在饮食中获得平静和放松。而广西地区恰好符合人们对田园山水生活的想象，因此广西菜肴在食材选择、制作工艺、环境氛围方面可以从回归田园主题入手，结合地域特征是餐饮行业创新的主要趋势。三就是健康化。近几年来我国愈发强调从事餐饮业的企业要重视食品安全问题，消费者对于健康饮食的要求不断提高，人们对品质生活的追求首要表现在对健康问题的重视上，消费者在选择餐饮时的关注点必然为安全和健康，这是广西餐饮业未来发展必须考虑的一大要素，也是我国餐饮业的发展变革趋势。

第六章 妇女消费：壮族妇女的消费主张

新时代富裕起来的广西人民，尤其是妇女通过消费进行了自我塑造。大型购物中心、美容院和商场在广西边疆民族地区也很常见。化妆品公司、美容诊所和媒体将自己理想的女性气质的形象带入了公共领域（Rosenholm，2010）。女性消费者个人重视自我推销或使用身份配件对身体进行显式装饰（Klingseis，2011）。妇女在市场上发现了展示女性话语权的物质手段（例如美容保健的健康益处）。消费加强了文化上的代表性，鼓励妇女培育她们最有价值的资产——有爱心的外表——树立了妇女消费的时尚潮流。本章首先回顾妇女消费的文献，然后针对壮族妇女消费的机理进行分析，如图 6-1 所示。

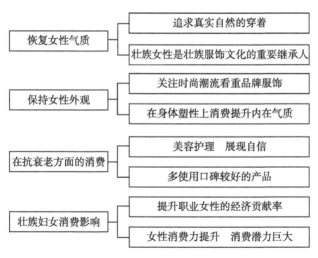

图 6-1 壮族妇女消费研究模型

第一节　妇女消费的理论回顾

个人消费水平提高是新时代生活水平提高的标声。当前妇女消费的文化环境，更加强调竞争和魅力。在过去，物质匮乏、妇女也要参加劳动，消费主要是填饱肚子，对于衣着等需求不高。所以，当前的妇女消费更强调恢复失去的女性气质。不少国家也大力提倡提高妇女的社会地位，例如为在职母亲提供的育儿或其他社会福利（Aivazova，2001；Gradskova，1999；Temkina，Rot-kirch，2002）。年长的妇女亦加入了消费大军。保养身体的做法为老年妇女提供感官上的愉悦，美容行业开始大行其道，因为这些行业的利润取决于妇女的身体健康（Bordo，1993；Elliott，2013；Howson，2004）。例如抗衰老产品可能会使女性显得更加年轻（Chernyshkova，2011；Coupland，2007）。反映在侧重于老年妇女对待老龄化态度的文献中，过去的老年妇女通常是存钱给后代，这被视为社会规范，消费者的身份建构和消费行为的互动过程则不被提倡（Ballard，2005；Twigg，2007）。投资外观并消费抗衰老商品的中老年妇女甚至可以避免与年龄相关的地位和权威的丧失（Calasanti，2006）。Utrata（2011）还指出由年龄关系的特殊结构或做事的方式产生的障碍，现在通常对拥有它的女性影响变得越来越小。

鉴于妇女消费的变化巨大，为了弄清性别与消费习性的关系，我们将分析壮族妇女的消费习惯。Bourdieu（2010）将习性定义为一种持久而易变的性格系统，即个人在社会生活的不同领域体现和表现的倾向，创建一种感知世界和世界运作的特殊方式。习性是由诸如社会特征的物质条件之类的结构产生的系统，习性也是产生实践的系统（Bourdieu，1977）。习性可以与被 Bour-dieu（1990）称为游戏感受的概念相称。这种感觉是一种无意识的知识，用于指导给定环境中的社会行为。由于这种直观的知识或感觉是随着时间的推移通过玩游戏的客观结构而产生的。因此，它（"感觉"）为所有"参与者"提供了可能对最终结果的预感（Bourdieu，1990），正是这种意义和对未来的预测使社会规范合法化。消费时的游戏感的概念对于找回失去的女性气质很有用。由于习惯性和游戏感强调消费社会对人的行为的默认和平凡的影响，所以习惯性和游戏感是探索新的消费身份的有用工具（Bottero，2010）。本章节从三个主题——恢复女性气质、敢于追求年轻、敢于花费来分析壮族妇女消费的情况。壮族妇女消费的特征如图6-2所示。

图 6-2　壮族妇女的消费机理

第二节　壮族妇女消费的机理

一、恢复女性气质

过去，由于需要养家糊口，壮族妇女的女性特质有所下降，需要在出去工作和主要照顾孩子的女性社会角色之间平衡。当负担不起自己的生活时，女性特质就减弱，而男性特质就会增强——妇女需要承担很多的工作，无暇打扮自己。因此，如果这时有人可以帮助妇女分担，妇女就可以重拾自己的美貌。"我们妇女需要独立"这样的口号开始进入妇女的心里。在过去，妇女要承担很多的家务，需要承担养家糊口的责任。现在已经有所不同。妇女是独立的——当前大女主的影视剧也强调了这一点。现在的壮族妇女，换上了裙子，不再只穿裤子，对消费变得敏锐，步态开始女性化了。

过去的壮族妇女需要与男性一同劳作，很少消费。现在的壮族妇女女性特质越来越明显。在过去，壮族女性因需要解决温饱问题、照顾家庭等，往往将时间和精力集中在满足最低需求的消费上。壮族女性忙于琐碎的家务，每日柴米油盐酱醋，甚至与丈夫一起劳作，没有时间和精力干其他的事情。很少外出参与社会性的活动，她们的消费支出仅限于家庭内部日常开销，在自身的消费上少之又少。但随着改革开放，人民生活水平日渐提高，壮族人民的生活质量也大大提升。由于女性天生对美的追求，在物质满足的情况下，壮族女性开始考虑自己的衣着打扮，让自己更加靓丽，提升自己的幸福感。

女性对美有着本性的执着和坚持。在美学范畴，自然生态学处于非常重要的位置。自然生态学是这种美学关系的基础，也可以说是生态美学的根源。生态美学是人与自然关系研究的中心，生态美学的基础是人与自然之间的审美关系。生态之美源于人类与自然生态之间的和谐。如果与自然生态分开，人类将难以生存，更不用说审美活动。在当代社会的发展中，人们发现自然生态作为人类生命过程的参与者具有极其重要的美学价值。生态美学是"以自身的生态过程和生态环境为审美对象的审美观照"。

壮族女性有着自己的独特的审美，并且追求真实自然的穿着。就壮族的女装而言，自然是服饰的基础。壮族妇女服装的美丽来自自然生态的创造。它是一种民族之美，一种生态艺术。它充分反映了人类与自然生态之间的亲密关系。这种亲密关系可以说是壮族女装最常见的生态美学。这种生态美学是原始的，它在形成时就深深地印刻在自然生态学中。其材料的种植、选择、编织、印染、刺绣以及最后缝制成衣服，都表达了人类与自然生态之间的和谐关系，这种关系将自然生态视为生存的基本关系。

壮锦是最著名的服饰工艺。壮锦选择明亮鲜艳的色彩来表达生命的活力。壮族服饰的图案经常使用夸张、变形等手法，以简单的方式提取自然界中最真实、最精美的部分，最终形成几何、动物和植物的图案。这些图案大都具有夸张的形状、抽象、明亮鲜艳的色彩，规则且对称的构图，强烈的节奏感风格特征。壮族服饰的图案往往寓意吉祥而美好，反映出壮族的朴素审美情趣。美丽而精致的民族服饰可以生动地反映出当地的民俗风情。

壮族花神信仰中的花卉形象起源于广西壮族创造神话中的花卉女神米洛

甲，她被壮族人民视为花王。实际上，壮族工人在艺术创作过程中经常使用象征主义。因此，在壮族服装图案中，重叠花或花朵中的物体的建模技术非常普遍。壮族以黑色为美，图案多为红色、黑色、绿色、杏黄色、翠绿色、棕红色或白色，对比强烈，传达了壮族服饰的独特美感。

壮族人非常勤劳且富有智慧，他们与大自然和谐相处，他们制作衣服的原料取材于自己种植的棉花和竺麻，还从野生动植物和天然矿物中提取染料，制作服饰的材料都来源于自然。壮族的祖先生活在深山和茂密的森林中，与山河、鲜花、鸟类、鱼类和昆虫为伴，他们制作色彩鲜艳的衣服时，充分利用了自然生态中存在的所有颜色。壮族也被称为"五彩民族"。他们充分利用了自然生态的天赋，并熟练掌握了自然的手工艺。无论是衣服的印刷、染色和缝纫，还是各种银饰的生产和加工，都表现出了人们对自然的兴趣，这也是他们辛勤工作和智慧的结晶。壮族人青睐明亮生动的颜色。色彩是一个民族在自然生态发展中凝聚的憧憬与希望。多姿多彩的壮族女性服饰记录了他们鲜活的生存史。

本章着眼于壮族服装生产和继承发扬的主体——勤劳勇敢的壮族女性。从母系氏族转变为父系氏族后的壮族社会，即便壮族女性在政治上的地位不高，但女性仍然保持自己的文化优势，因为她们负责文化生产、服装生产和完整的文化遗产。在以前，壮族妇女大多数都没有机会和时间专门学习壮族文字，更不要说学习汉语了。由于长时间思想的闭塞和社会条件的极大限制，加之文化性别中的要求束缚等，在壮族社会中，女性的编织技能成为评价其美德与能力的重要一环。因此，壮族女性从小就学习编织，直到生命结束。从壮族服饰文化的传承角度来看，服装工艺在家庭主妇中世代相传。因此，笔者认为称她们为"民族文化的织手"，她们当之无愧。

如今，壮族女性有了更大的发展空间，有了更多的职业选择，但许多壮族女性仍然致力于服饰制作，继续传承壮族流传下来的文化并进行不断地拓展和创新。壮族女性在追求美的路上孜孜不倦、乐此不疲，她们对于美的独特见解让她们的气质熠熠生辉。

在壮族的传统社会中，壮族服饰与壮族妇女之间的联系紧密，不仅是制作和传承，还渗透到壮族妇女的生活当中。服装可以作为讨论的主题，成为人们日常生活中的交往媒介。因此，壮族服装在壮族女性发展人际交往关系中起到重要作用，能够反映出壮族女性与社会之间的关系。在壮族社会中，妇女常聚集在一起交流，沟通。在其中，服装也象征着女性的豁达、聪慧和财产。

壮族是一个顽强拼搏的民族，其独特的自然生态孕育并决定了他们追求生活的自由。这样的生活条件和习惯使他们的衣服既具有艺术性又展现了他们的端庄。他们用服装来描述对生活的追求和希望，也用服装艺术来表达自己的自由和想象力，并用艺术来创造自由和美丽。

二、敢于追求年轻

女性渴望时尚不仅表现为财务独立，而且表现为越来越年轻。例如，在白领工作场所中年轻的外表可能就是一种资源。对于年轻员工和年长员工而言，将这种资源转换为实质性或象征性的收益（例如专业权威或加薪）变得很容易。作为一个女人需要保持吸引力，要照顾好自己。美容护理需要时间、金钱和精神，现在的壮族女性愿意花时间在这上面，例如选择成熟品牌的衣服。壮族妇女会塑造自己的身材，凸显自己的品位以适合她目前的社会地位，表现出自信。壮族妇女的形象发生了变化。原来的壮族妇女皮肤黝黑，因经常参与劳作而显得衰老。现在的壮族妇女形象更为年轻化。

在传统社会中，壮族女性一般都在家劳作，编织服饰、操持家务等，随着社会变迁，壮族女性也有了新的社会价值。壮族女性紧跟时尚潮流，随着生活的富裕，她们将更多的时间用在自己身上，娱乐休闲生活逐渐丰富多彩。随着经济的发展和社会的进步，加上妇女解放，壮族妇女在家庭和社会中的地位得到了改善，发挥着越来越重要的作用。对追求美的理想，越来越多的女性意识到气质的重要性，女性健康观念逐渐形成。随着生活水平的提高和消费观念的变化，女性消费发生了巨大变化。社会面貌的改变，也改变了对女性的刻板印象。

以前，受传统习俗的制约，人们认为女性打扮自己是给"他人"看的，以这种观念为基础的消费是一种负担，往往察觉不到长久的快乐和幸福。如今，女性消费要走出男人的目光，形成更加健康的女性消费文化。靠自己生产所进行的消费是有权利选择自己的消费需求的。美丽不完全是天生的，通过后天的努力也能发生巨大的改变。美丽可以通过消费来塑造，因为服饰和体型是美丽可见的标志。通过挑选适合的服饰、装饰品、美容和对健康身材的追求等，在提升自己外貌自信的同时，也会带来女性自我价值的认同。

壮族女性在服饰上发生了重大变化，她们在保留民族服饰的同时，也更加关注时尚潮流趋势，追求简单、时尚等各种各样丰富多彩的生活方式。壮族青年女性的服饰消费具有较大的共性，年轻的消费者关注时尚潮流，并且具有较强的品牌意识。她们更加专注于品牌的内涵和价值，而不仅仅是对于服饰本身；她们重视周围人对自己着装的评价，希望给人带来强烈的时尚感和个性的吸引力。有些壮族女性消费者的品牌意识尤为突出，对品牌忠诚度也较高。尽管她们对时尚的关注度不亚于其他人，但是她们更为看重的是品牌服饰所表达的意义和内在价值。有些壮族女性消费者更为大胆，她们尝试各种前卫的服装，喜欢新奇的服装，大胆创新。

我们的日常性消费种类十分繁多，主要包括社交消费、旅行消费、饮食消费等。壮族女性在消费中，理性消费与感性消费是同时存在的。虽然因观念和经济能力方面的差异，壮族女性消费者的消费水平存在差异。但总体上来说，她们对"包装"自身、寻求自身的认可和不断地进步是一致的。受社会经济文化发展影响，当代壮族青年女性相较于老一辈，成长环境更好，受教育程度和经济水平更高，更容易接受新鲜事物，因此也更容易形成新的消费模式。壮族女性在不断提升自己的气质，例如，有些女性会在身体塑形上消费，壮族女性开始办健身卡，报名瑜伽课程、舞蹈班等。她们在提升自己外在形象的同时，也在提升内在气质。不断地通过消费进行学习和与外在进行交流互动。壮族女性消费者还报名音乐班、技术培训班等，紧跟时代步伐，在思维上不断进步，提高自身的素质。

创造正确的价值观，追求美的自然与协调。一个人的外在美包括了容貌、身材、气质等。实现人的美关键在于个性化的塑造，大家闺秀也是美，小家

基于消费文化视角的广西消费经济研究

碧玉也是美，都表现出了不同个体独有的特点与气质。在传统女性文化和当代主流文化的影响下，人们的审美观念呈现出多样性和差异性，女性不仅要展现自身的个性美，同时也要表现出与现有环境和谐的美。应在正确的审美价值观下，追求协调自然之美，显示出当代壮族女性的活力和自信。客观地说，每个人的外在特征都是自己独有的，包括容貌和形体，不能为了过度减脂、追求过瘦的身材而做出对身体有害的行为，更不用说整形、抽脂、有害健康的消费行为了。在服装方面，当代年轻女性不用盲目跟风，发现自己身体的优势，进而选择适合自己风格和特点的衣服。这样既可以展现自己的风采气质，还培养了自己独到的品位。让服装与身材、环境氛围和身份相协调，展示出自己最美的一面。

三、敢于花费

美容开始流行，身体重塑的消费受到欢迎。广西各处开了瑜伽、采耳、精油等妇女专享的消费业态。以往人们对整形手术持否定态度，但是现在保持异性吸引力的需求占了上风。强调使用某些技术进行自我改善（身体或精神上的进步）可能还增强了一种信念，即任何人都可以对自己的外表或精神发展做出自由选择，这种选择可以使她们摆脱传统社会结构对女性的要求。在广西美丽焦点整形，成为地域性极强的品牌。寻求年轻化来实践理想女性气质的需求，要重塑身体并掩盖衰老迹象。

社会经济的蓬勃发展和人们物质生活水平不断提高，壮族女性社会地位得到了提高，经济相对独立，女性消费水平也得到提升。壮族女性从基本的生活用品再到精神世界的需求都在发生改变，网络购物已然成为一种全新的购物体验。由于女性在网络消费所占的比重较大，所以网络购物的焦点都集中在女性身上。因此，各种针对女性的消费数不胜数，如美容、护肤品、化妆品等。

美容是女性日常生活的一部分。壮族女性如今在追求健康美，购买各种护肤品来保养自己的肌肤，以延缓肌肤的衰老，维持年轻的容颜。通过健身来塑造更好的体型，保持身体健康，从内而外的散发出迷人的自信和活力。

　　女权主义者一致同意健康和美丽的基本观点，以及健美理论"健康就是美丽"。同时，有人指出，美丽是女人的天性，与取悦无关。合理使用化妆品有助于美容。这是妇女的权利，与政治无关。许多妇女出版物对此进行了宣传，形成了新的美丽观，并对社会产生了巨大影响。同时，化妆品公司投放了大量广告来刺激女性对化妆品的消费。

　　在审美观念的转变中，外部影响因素起到积极作用。基于医学原理，安全可靠的原料生产的化妆品，加上宣传到位的广告口号，化妆品品牌层出不穷。有关健康美的概念早已在国外流行起来，是女性解放运动的重要内容。

　　我们社会的焦点已经转移到女性美学上。美与丑的界定并没有标准，也是人们茶余饭后热衷谈论的话题。对于美丽与丑陋的看法因人而异，且会随着社会的发展而改变。封建制度下，要求女性服从"三从四德"等内在道德的美，忽视了女性对外在美的追求。新中国成立后，女性开始解放思想，批评并否定传统社会对女性的压迫。虽然我们仍强调内在美，但对外在美的重视已经有很大提升了。随着改革开放的不断深入，外来文化的多元影响，对女性的审美观带来了巨大影响。在这个时期，社会对女性的审美观念依然在于"内在美"大于"外在美"，有所转变的地方在于对女性的审美重心，从以前的强调女性在家庭中的"女德"美到女性在社会中生产力价值的精神美。但同时，现代社会的审美主流对女性容貌和身材的要求也在日渐提高。壮族女性也受到同样的影响，在追求内在美的过程中，也不断注重对身材和外貌的管理。壮族女性消费化妆品和护肤品的需求上升，对自己越来越有信心。

　　丰富多彩的消费使壮族女性的外在形象更具自我认同感，也反映了当代年轻女性审美观念和价值观的多样性。作为新时代的当代女性，她们积极进取，胸怀开阔，能够迅速接受新事物，并能够熟练地使用新的消费方式，例如在线购物和电视购物。尽管当代壮族女性的思想观念和消费方式开始多样化，但还是会受到社会环境和时尚风向的影响，在追求穿衣打扮方面存在一定的差异。具体来说，壮族女性消费者很容易受到各种社交平台的产品推荐和产品试用等影响，使得各种消费趋同。壮族女性会接受身边人的推荐，消费他们使用效果较好、口碑良好的产品。这不仅降低了选择产品的时间成本，而且增强了群体之间的认同感和归属感。

壮族妇女通过消费摆脱了传统社会结构的束缚，主要通过消费来进行自我塑造。女性通过了解并塑造自己作为性别主体的自我。在相同的工作环境中，妇女与男性具有同等的专业经验和权威地位，这也是一种女性化的生活方式。

第三节　壮族妇女消费对消费经济的启示

女性经济的发展趋势在近几年不断明朗，不仅是人们和政府重视的民生问题，也是经济学研究专家想要弄清的经济运行态势。随着经济的发展，传统的消费观念正在远离我们，特别是表现在女性对消费方式的选择趋向于多样性、可选择性上。我国女性消费群体基数重大，随着整体宏观经济的变好和新时代女性的自我意识的崛起，女性们对生活品质的要求提高，消费能力和购买力也得到了长足提高，女性正慢慢成为消费市场的主力军，壮族女性也不例外，围绕女性产生的女性经济正在迅速崛起。

一、职业女性对经济的贡献率呈现上升态势

在过去的半个世纪中，美国一直是世界经济的中心，不仅科技飞速发展，经济全球化进一步深化，各地区发展不平等的情况加剧，而且职业女性对于世界经济的贡献占比也在攀高。美国有关机构的研究报告指出，自1979年以来，美国拥有一份全职工作的女性占比达到40%。报告还指出，假设在过去30年中女性就业模式没有发生改变，那么会导致美国经济缩减1/10。在全球视角中看，有一半财富达到10亿元，而且是白手起家的女性来自中国。在国内，相关报告显示，中国女性劳动参与率为63%，这一数值高于经济合作与发展组织（OECD）报告的平均水平。

近些年来广西壮族女性在各方面的参与率也显著提高，她们的消费能力和消费需求得到提升，并且展现出多种多样的类型。女性经济对于国家扩大内需、提振消费，拉动经济发展发挥着巨大作用。据广西壮族自治区统计局

发布的数据，2020 年广西 GDP 总量为 2.2 万亿元，其中壮族妇女贡献率为 15.1%。

二、新时代女性展现强大影响力和消费力

女性消费具有巨大潜力，统计显示，我国互联网女性用户占比 44%，超过 2.8 亿人，共巨大规模在市场上已经不可能被忽视。阿里巴巴高管曾在发布会上声称女性是阿里的主要资源，而 2018 年"双十一"的交易额 2135 亿元也是女性购买占主导。每个节日以女性和情侣为主导的营销也是非常活跃。《随手记 2018 年全国七夕消费大数据报告》数据显示，"七夕"期间全国人均花费 1504 元，"80 后"作为消费主力，在"七夕"期间人均消费 2603.67 元，"70 后"和"90 后"人均消费分别为 1992.53 元和 1140.91 元。"00 后"作为最年轻的消费群体，人均消费水平也达到 735.58 元。这也是传统营销值得思考的问题，即如何真正抓住女性用户给品牌带来可靠的流量和购买力。

根据国家统计局发布的数据，2018 年广西女性人口为 1935.7 万人，占全区总人口的 47.97%。其中最有消费能力的中产女性人口为 218.7 万人，约占整体女性的 11.3%。2019 年全国女性市场规模将近 4.5 万亿元，其中广西女性贡献率为 2.83%。尤其是电商经济里女性表现出绝对购买力，资料显示，垂直电商有 70%~80% 的用户为女性。而在主流综合电商平台，化妆品、食品、服饰、珠宝首饰、医疗保健等绝大多数的消费也都由女性主导。可见如何抓住女性消费者是非常重要的。

女性群体已经在电商市场中成为最活跃的群体。广泛分布在衣装、鞋包、食品和家居等各个领域。女性还组织了电商平台和网购联盟，可见女性群体中蕴含巨大的经济能量。与男性相比，女性在网上购物更频繁，消费更多，这可以提高企业利润。据统计，女性网购的频率和金额普遍高于男性，成为网购市场的主力军。在网购 40 次以上的用户中，女性比男性多出近 20%，累计购物金额超过 10 万元的女性占比也比男性高出近 20%。可见，女性消费者是全区消费市场最大的引擎，抢占女性细分市场是未来广西发展的必然趋势。

本研究希望市场可以准确及时洞察这一发展趋势，进一步探究女性的消

费习惯和模式，在原有基础上开发新的潜在消费者，提升消费潜力，完善市场运行模式。在广告和市场营销上，兼顾持续推动消费力高的群体的同时，还要关注潜在消费市场的持续发展，进一步细分市场，针对不同类型的女性开展不同的活动，促进经济的良好发展。

第七章　体验消费：壮族的文化与休闲活动

消费行为的发展主要经历了三个阶段：从购买物质体验到非物质体验的过渡，从通过消费行为来彰显地位和财富到凸显身份的过渡，以及由于日益重要的社交媒体而增加的社会知名度的过渡。这些趋势确实重新引起了人们对体验性购买的消费感兴趣。在本章节将展示壮族体验消费的内容。

第一节　文化体验消费理论回顾

在过去十年中，发达经济体的消费者行为经历了三个主要的发展：一是传统上，耐用材料商品在消费者行为中扮演着重要角色，但是，无形产品主要关注的是体验。因此，人们越来越关注非物质体验，而不是物质产品（Trentmann，2017；VanBoven、Gilovich，2003；Yang、Mattila，2017）。二是人们希望通过自己的消费行为来散发出比地位和财富更多的东西，同时也希望展示出自己的个性。因此，人们的注意力从地位转移到了个性（Chen、Yeh、Wang，2008）。三是由于社交媒体的广泛使用，消费行为的社会知名度大大提高（Heffetz，2011；Josiassen、Assaf，2013）。第一个趋势可以描述为"体验社会"和"体验性购买"的出现（Pine，Gilmore，1999）。此外，体验推荐理论声称，如果消费者把钱花在旅行和餐饮等生活体验上，而不是花在衣服和珠宝等物质财富上，他们会更快乐（Yang，Mattila，2017）。VanBoven、Gilovich（2003）的结论是消费者倾向于体验式消费，而不是物质产品。Kim（2018）也认为那些对保持领先地位感兴趣的消费者会重视文化体验的稀有性和稀缺性。关于第二种趋势，青年人尤其不想通过他们的财产来表达个性，而是通过他们的行为或经历去体验与他们的个性有关的东西。在对体验消费的研究中，O'Cass、McEwen（2004）提出不是地位、收入和财富的炫耀，而是与消费者身份有关的象征性的东西。第三种趋势可以看作前两种趋势的调节者。它允许人们实时地向他人展示以前无形的和短暂的经历。例如，在过去向其他人展示你的度假经历的唯一方式是寄明信片，在生日聚会上交流参观博物馆的情况。如今，通过 Tweets 或 Facebook 更新照片和动态图像，这种交流很容易实现（Bronner、DeHoog，2018；Josiassen、Assaf，2013）。这三种趋势的结合确实引起了人们对体验性消费的兴趣（Bronner、DeHoog，2018；Gallo、Sood、Man，et al.，2017）。体验性消费一词由来已久，Veblen（1899）认为人们做出选择不仅是为了他们的享受价值或这些选择为自己提供的满足感或有用性，而且希望通过自己的物质选择向他人发出信号。换言之，消费者的选择不仅关乎产品为你个人提供的效用，还关乎你向社会环境展示或传达信息。尽管文献中一致认为体验产品的重要性正在增加，但对于这些产品作用的研究存在分歧。主要问题是体验性消费传递了怎样的信号。Gilovich、Kumar、Jampol（2015）总结了物质采购和体验采购之间满意度差异的研究结果是体验性购买促进了更多的社会联系，更紧密地与自我联系和更多地以自己的方式体验，而不是与其他体验性购买相比较。这样的研究大多数是从个人心理角度（即购买对个人自身意味着什么）出发的，但它没有调查体验性购买（自我与他人）的社会学和社会心理层面。例如，体验性购买关注的是购买对个人幸福感的影响（内在的动机），但没有触及这些购买让他们更快乐的一个原因是，它让他们能够与他人交流一些关于自己的事情，一种外在的动机（向他人发出信号），而不是内在的动机（购买对自己的效用）。Bernstein（2006）在研究中也指出从观看古典音乐会中获得的好处从外在到内在都有。总而言之，这表明体验性消费也可以成为消费行为的驱动力。然而，研究者还对体验性消费由外在动机驱动还是与之相关的问题来确定，抑或通过体验性购买对个人幸福感或类似方面的影响来确定，持不同的观点。Kamakura、Du（2012）发现对于商品而言，除了对自身的重要性，相关他人的角色在购买行为中也很重要。Bronner、DeHoog（2018）发现通过假期展示地位和身份确实在选择假期中起到了作用。绝大多数人都相信，一般来说，假期的选择很大程度上说明了一个人是什么样的人。这种身份可以通过选择目的地、住宿、组织方式（有或没有旅行社）和交通工具来表达。总而言之，在假期里，你想亲自享受自己（内在动力），但也要展示你的社会环境（外在动力）。Bronner、DeHoog（2018）指出当前研究的局限性在于通常只是关注体验性购买的一个单一维度。

第二节　当前壮族文化体验性消费的情况

一、壮族人民文化体验消费情况

（一）去博物馆、剧院的消费情况

截至 2019 年，广西壮族自治区有群艺馆机构 15 个，从业人员 536 人，举办展览 3219 场次，组织文艺活动 41910 次，年收入 1723 万元；有文化馆机构 109 个，从业人员 536 人，举办展览 1568 场次，组织文艺活动 2898 次，年收入 2.2719 亿元。截至 2021 年广西壮族自治区共有 235 家博物馆（包括陈列馆、纪念馆等），其中包括 24 家国家一级、二级、三级博物馆。从业人员 2201 人，举办展览 331 场次，参观人数 1994000 人。已然成为满足群众精神文化生活的重要场所及弘扬优秀传统文化、传播先进文明的重要阵地。

（二）广西的文化节消费情况

2021 年 "三月三" 广西壮族自治区全区放假 4 天。其间，"壮族三月三·八桂嘉年华" 文化旅游消费品牌活动围绕五大模块主题开展了 1000 多场文化活动，吸引区内外游客纷纷前来体验壮乡民族风情。据广西文化和旅游厅提供的数据，"壮族三月三" 节日期间，广西共接待超过 1500 万游客，比 2020 年同期增长 3.1%，实现旅游消费 125.36 亿元，比 2019 年同期增长 4.6%。在 2021 年，受新时代互联网发展浪潮的影响，"壮族三月三" 直播节正式开始，汇集了广西各种优质企业（包括餐饮和旅游等），这些企业纷纷在互联网直播平台上加大促销力度，带动广西消费热度和经济的发展。南宁开展了

"2021南宁消费购物节"，线上线下齐发力。柳州和桂林则结合当地浓郁的民族特色和丰富的旅游资源开办了一系列文化活动。在活动期间，全区各商业经济圈、商业步行街和大型商超的客流量迅猛增长，具有很强的带动消费作用，每日客流量超过5万人次的综合商圈有20个，广西各地的商贸消费额最高的增长近半。

随着各地活动的火热进行，全区超过300个旅游景区对所有游客实行免费游玩或者3~8折的优惠折扣，尤其是在广西桂林，旅游人数上升的最为明显，使桂林的餐饮、住宿等服务业得到了发展。相关数据表明，广西全区三星级以上的酒店在活动期间接待游客数量增长了近3倍，重点餐饮监控企业的销售额增长近34%。2021年中秋假期，南宁园博园接待游客0.3万人次，方特东盟神画接待游客1.25万人次，动物园旅游人数达2.99万人次；大明山风景区接待游客0.08万人次，青秀山风景区接待游客3.65万人次，龙门水都景区接待旅游人数0.03万人次，南宁孔庙接待游客0.03万人次，南宁博物馆接待游客0.59万人次。

崇左市2021年"三月三"期间共接待游客109.43万人次，实现旅游消费6.66亿元，"三月三"期间的游客出行呈现出自驾游、周边游、短途游趋势。崇左市各个景区在"三月三"期间借势发力，举办与"三月三"相关的民俗活动。崇左重点旅游景区接待游客情况：太平古城垣、冷杉恐龙欢乐世界、德天跨国瀑布景区、龙州起义纪念园、新和乡村旅游区、花山岩画景区、明仕田园旅游区、丽川文化森林公园、龙宫仙境景区、红木文博城景区分别接待游客18.3万人次、5.6万人次、5.57万人次、4.54万人次、3.8万人次、2.85万人次、2.18万人次、2.03万人次、1.28万人次、1.21万人次；太平古城垣以18.3万人次接待量荣登榜首，冷杉恐龙欢乐世界、德天跨国瀑布景区，分别以5.6万人次、5.57万人次紧随其后。

（三）广西影视消费情况

截至2019年4月，广西壮族自治区共有266家数字电影院，拥有1343块银幕。2018年，广西人民在数字电影院看电影总计228万部，同比增长20.8%，观众多达3411万人次，电影票房收入11.18亿元，增长8.5%，在全

国排第 18 位。公共电影服务得到进一步提升。2018 年，全区总计放映了
17.51 万场农村公益电影，观众累计超过 1687 万人次。已翻译了 81 部少数民
族语言电影，放映了 14700 部少数民族语言电影，为农村精神文化的繁荣健
康发展做出了积极贡献。

广西在旅游和影视产业方面的发展逐渐壮大，一些城市抓住机遇，利用
地理优势和环境优势开发出一些影视景区。这些景区将自然风景、人文风情
与影视拍摄有机结合起来，促进了广西旅游业和影视业的共同发展，提升了
广西城市面貌，促进了广西的经济发展，推动了广西生态和文化健康持续发
展，使得广西城市文化的品质迈上新的台阶。《花千骨》的热播引起了网友们
的广泛关注、好评与讨论，还有粉丝询问其取景拍摄场地。而该剧的取景地
广西德天瀑布，让观众通过屏幕感受到广西如诗如画的美景。即使观众没有
亲临现场，但影视剧的情节与风景的完美融合，给观众带来了身临其境的良
好体验，潜在地促进了观众对广西风景的向往和良好的感官。观众沉浸于影
视剧的视觉效果，会感到幸福和满足。过去的两年中，许多影视剧组来到了
广西这个"影视风景区"，这个风景区如今还正在持续开发。也正因如此，广
西经济文化和思维正发生着细水长流的变化。

如今，越来越多的导演和编剧们不再局限于成熟的影视拍摄基地，他们
更加重视剧中外景真实的写真，寻求影视剧所呈现的真实感。因此，他们更
加注重风景的取材，而广西这块"影视风景区"自然也成为他们的首选。许
许多多的电影和电视剧将剧中的人物和情节与广西的山水、民俗融合、演绎。
剧中的精彩呈现，使得广西的风景、风土人情得到了更加生动、广泛、快捷
的宣传。这不仅使得广西影视业繁荣发展，还吸引到游客观光驻足，并促进
了广西旅游业的持续发展。

（四）南宁的音乐会消费情况

目前，南宁市青秀区已经创建了许多城市旅游名片，如民歌湖，南湖广
场，东盟商务区和会展中心等。积极建设 403 禾集文化创意基地，相继引进
文化创意产业企业 55 家；全区旅游建设取得重大突破，获得首批自治区级全
域旅游示范区称号。建设旅游项目图书馆；消费市场繁荣，先后开展了青秀

区创意生活节，消费购物季等一系列大型活动。全区全年接待游客达 4094.2 万人次，同比增长 11.55%。国内旅游消费达 407.71 亿元，同比增长 19.79%。文化娱乐产业实现营业收入 22.25 亿元，同比增长 10.13%。

于 2013 年诞生的"青秀·绿野"音乐节是南宁市首个真正意义上的大型音乐节，于 2016 年融入青秀区国际创意文化旅游节。音乐节在政府的大力支持下，已然成为广西数一数二的大型音乐节品牌，还是南宁乃至广西的文化名片。

2018 年"青秀·绿野"音乐节首次将演出场地由室外剧场转向室内，以"城市共振"为音乐主题，以青秀为音乐振源，向全城观众释放青年音乐的新频率，让这座城市中每一个独一无二的青年精神音乐需求产生共振！2019 年"青秀·绿野"音乐节于 10 月 25 日至 27 日在国际会展中心前广场举行，以"自定义"为主题，25 支乐队参加现场演出，让听众充分感受音乐的魅力。据悉，2019 年绿野先声报名人数再创新高，58 支参与乐队跨越区界，影响力持续扩大。节日现场新增两个板块——"环保艺术展"和"城市互动艺术展"："环保艺术展"通过回收旧物，变废为宝；使用可回收材料制作艺术品，使用破碎的铜和铁制作乐器，整个演出在环保的气氛中进行；"城市互动艺术展"融合摄影和插画，对城市形象进行展示，突出城市亮点，创造性地将音乐、城市、环境三者融为一体。

2019 年国际民歌文化艺术节期间，南宁市累计接待游客 22.84 万人次，其中海外游客 1988 人次，同比上年增长 23.94%。期间，南宁市海外旅游综合收入为 1.19 亿元，同比增长 26.01%。全市涉外商务星级饭店、宾馆过夜海外旅游者每天人均住宿消费为 497 元，同比增长 29.69%；全市社会商务旅馆饭店过夜海外旅游者每天人均住宿消费为 366 元，同比增长 36.03%；一日游游客每天人均住宿消费 78 元，同比增长 48%。经全面跟踪调查，民歌节期间旅馆出租率为 68.83%，平均每人停留住宿天数为 3.03 天，同比增长 13.48%。2018 年全市 100 家涉外商务旅游星级饭店日均接待海外旅游者 1988 人次，同比增长 23.94%。全市社会商务旅馆、招待所的平均出租率为 71.21%，同比增长 10.50%。

南宁国际民歌艺术节在组委会的领导下，实行了由专业公司管理部门与政府部门相结合的运作机制。节日活动逐渐以市场为导向。通过票房、广告、赞助等形式，改变了政府的财政支出超过收入的状况。近年来，许多知名公司赞助了民歌节。成功的市场运作还体现在旅游、经济和贸易活动中取得的显著成果。在每年的民歌艺术节期间，南宁市接待了数十万游客，形成了第四个当地游客黄金周。在此期间，旅游美食节不仅推出了一批风味小吃，还成就了一批餐饮公司。经贸洽谈会逐年向好，参展企业规模，参会人数和交易成果逐年增加。

吸引其他民族文化活动参与也是南宁国际民歌艺术节创新的亮点。近年来，与民歌节同期举办了第九届金鸡百花电影节、第七届中国戏剧节、中华民歌大赛、节庆文化与城市经济发展国际主题会等，吸引了众多的观众。

二、参加具有社会知名度的文化活动

（一）广西博物馆和剧院的发展详情

广西位于中国南疆，许多民族聚居于此。广西是我国少数民族人口最多的自治地区，居住着数十个古老的民族，有着大量丰富的民族文化底蕴。广西被成为"壮乡"，有着丰富的旅游和文化资源，为广西博物馆和旅游业的发展奠定了基础。随着社会经济发展速度加快，对文化的重视程度越来越高，广西各地区对文化基础设施的建设投入也呈现高速增长的态势，其中改建、扩建和新建了一批设备和技术先进的博物馆。其中不乏大量的展览馆和纪念馆等，还有180家工业博物馆，12家国有企业博物馆。

政府加强了引导和支持，博物馆建设日新月异。进入新时代，广西壮族自治区党委、自治区政府出台了一系列相关政策，大力支持博物馆的建设，不断增加财政资金的投入，博物馆建设发展迎来了一个全新的快速发展时期。仅在2010年，广西就启动了100个博物馆建设项目。

2017年4月19日，习近平总书记在视察合浦汉代文化博物馆时对博物馆建设作出了重要批示，习近平总书记强调博物馆是一所大型学校，博物馆建设不可以"千馆一面",不能仅仅追求形式上的大而广,而是要展示具有浓厚特色的内容。为了深入贯彻落实习近平总书记重要批示精神,广西成立了特色博物馆建设领导工作小组,并出台了相关支持文件。

2018年,广西进一步完善了文物博物馆的政策体系,力争在"十三五"结束之际,在现有的251家博物馆的基础上,通过改扩建或陈列展览提升等手段打造提升90家新建30家以上特色博物馆。使该地区的博物馆总数达到280家。

2019年5月,广西将在六个重点项目中尽最大努力保护具有革命象征意义和纪念意义的文物,着力推动建立和完善文物保护体系,促进边境文物博物馆的蓬勃发展。目前,广西博物馆的发展格局良好,形成主体为工业博物馆,非国有和国有企业博物馆为补充的新态势。使博物馆总体数量和质量都明显提升,服务水平和社会满意度也在不断提高。

广西旅游资源的优势集中体现在具有边疆特色的喀斯特地貌、景观、沿海度假胜地、边境风景名胜区和独特的民俗文化中。其薄弱环节在于文化和历史旅游资源。作为重要的文化旅游载体的博物馆,有助于彰显广西的历史文化,对开发广西的旅游资源具有积极意义。一些历史遗迹类博物馆具有较强的观赏价值,如靖江王陵历史文化博物馆、桂海碑林博物馆等。考古公园本身就是一个著名的文化旅游胜地。

为促进广西博物馆的建设,提升展览的水平,进行社会教育,并且承担一些其他展览功能等,可以多开展一些"中国旅游日""国际博物馆日""文化与自然遗产日"等新奇的年度主题活动。各种类型的博物馆由于宽敞的空间,便捷的交通,丰富的非物质遗产收藏或展览活动而被各级政府用作节日活动的重要场所,为博物馆旅游业注入了新的生命力。

(二)广西各地著名的文化节日发展情况

1."壮族三月三"歌圩

"壮族三月三"歌圩由来已久,早已在广西各族人民的内心扎根。壮族的祖先并未形成自己独有的文字,但是壮族人民通过节奏和歌唱形成了自己特有的交流方式。每年各族歌手云集"壮族三月三"歌圩,百花齐放,为繁荣民族艺术而尽情高歌。随着歌圩不断发展壮大，除了男女情歌对唱，还创新出各种文体活动，如抛绣球、演壮族歌剧、舞龙舞狮等。

1984年，在南宁人民公园举办的第一届"壮族三月三"歌节，有近500名来自全国各地的歌手和5000多名各界人士欢聚一堂。此后，曾经在桂林、柳州等地区举办歌节，最后又落户南宁，成为南宁国际民歌艺术节的前身。为了庆祝这一节日，广西区政府在2014年决定将"壮族三月三"设定为全区假日，由此可见广西区政府对此节日的重视。当前，"壮族三月三"等传统节日的传承和发展越来越受到自治区党委、政府的高度重视，坚持让各族人民一起参加，发展创新型节日活动，广西各民族文化交流的大平台越来越向"壮族三月三"倾斜，显然成为人们分享欢乐的精神堡垒。

2. 横县茉莉花旅游节

横县是中国茉莉花之乡，全球每10朵茉莉花中有6朵就出自横县。

为打造国家级茉莉花公园，建设茉莉花国际生态文化旅游产业园，横县做足了功课。目前，茉莉小镇已经建成了包括新大门、天香广场以及花海栈道等在内的特色景区，慕名而来的游客越来越多，口碑也越来越好。此外，在这个拥有1万亩茉莉花田的中华茉莉园中，长期开展生产推广活动，各种特色茉莉花产品的技术研发及其生产、加工、包装等多项传统工艺令人目不暇接，也可说是旅游体验之旅，极大释放了茉莉花文化带来的经济红利。横县正在依托"茉莉花香之旅"这个中国传统特色旅游休闲服务产业品牌，实现中国传统特色旅游观光休闲服务产品向社会大众提供观光旅游服务体验，休闲度假的新型产业转变，促进了中国特色旅游休闲服务项目向体现中国特色、人文、品质的转化。

2010年，《合作举办中国国际茉莉花文化节框架协议书》签订后，9月在横县进行了为期三天的首届茉莉花文化节活动。该活动主办方为中国花卉协会花文化专业委员会，横县人民政府、中国茶叶流通协会名茶专业委员会是承办方，协议还决定一直到2025年，每年的9月都将在横县举办"中国国际茉莉花文化节"。

(三) 广西民歌节发展情况

南宁国际民歌艺术节最早可以追溯到 1993 年的广西国际民歌节,直到六年之后才正式更名为现在的名字,现在南宁国际民歌艺术节的主办方是国家文化部等国家级部委和南宁市人民政府。这个艺术节是集文化沟通、旅游、经济贸易等为一体的大型节日庆祝活动。该艺术节在广西南宁每年开办一次。从 2004 年开始,艺术节已经成功开启了中国与东盟文化沟通、经济沟通的新篇章,跨文化的沟通合作愈发频繁,也成为广西与全世界进行文化交流的重要平台。继承和发扬壮族文化,加强与各优秀文化的交流是南宁国际民歌艺术节的初衷和不变的宗旨。

作为广西南宁市的魅力名片,南宁国际民歌艺术节已经从一个地方聚会发展为一个由来自全世界 30 多个国家和地区的优秀艺术家参与的艺术舞台。历经 23 年的探索,民歌节不但擦亮了南宁的城市品牌,也为南宁的文化产业的发展提供了新的赛道。时间追溯到 23 年前,广西国际民歌节已名扬海内外,连续六年举办民歌艺术节。在马上迈进 21 世纪的最后一个年头,主办民歌节的旗帜由南宁市政府接下,而后正式更名为南宁国际民歌艺术节,着力把南宁打造成 "天下民歌眷恋的地方"。那年,歌曲《山歌好比春江水》最先亮相,由 600 余位来自广西各所高校的 "刘三姐" 齐唱再配上著名女歌手斯琴格日乐那充满激情的摇滚,歌声引人注目。还是在那一年,一首由宋祖英演唱、徐沛东作曲、郑南作词的《大地飞歌》在晚会后一炮而红,唱遍了大江南北,自此成为该节日的主题曲。有一大批濒临失传的民族艺术瑰宝在这个大舞台上得到传承和发扬,在民歌节舞台上熠熠生辉。

民族的就是世界的。2001 年,第三届南宁国际民歌艺术节与第七届中国戏剧节一同举办,进一步展示了南宁市举办大型文化节的担当、实力和勇气。南宁名副其实地成为 "世界民歌怀旧之地"。在 21 世纪之初,南宁开办了主题为 "风情东南亚" 的大型文化活动,民歌节由此向东南亚地区转移。2004年,中国—东盟博览会在南宁永久落户,《大地飞歌》也毫无疑问地被设定为每年博览会的开幕节目。2012 年,又创新性地推出首个国内选秀节目 "一声所爱·大地飞歌",将民歌节推向另一个高潮,影响力进一步扩展,让民歌不断被传承和发扬。20多年来，国内外著名作曲家云集南宁，创作了100多首新歌。他们将浓郁的乡土风味与现代音乐元素融为一体，并以新的方式诠释了老歌的生命力，一批具有民族特色和现代风格的民歌歌手如雨后春笋般涌现。

随着南宁国际民歌艺术节的知名度和规模持续提升，"绿城"南宁的知名度也提高了，对南宁的招商引资和经济发展带来了巨大的改变。这个欠发达的少数民族地区逐渐发展起来。民歌艺术节期间举办的广西投资贸易洽谈会吸引了众多中外企业和客商，包括世界500强企业。据统计，前三届民歌艺术节，南宁共吸引投资160亿元。四年来，南宁民歌艺术节的商业运营模式带来的直接收入达6000万元。从大量相关数据可以看出，国际民歌艺术节已然成为南宁重要的旅游资源，也对其提高城市化水平和城市治理水平有着重大意义。国际民歌艺术节促进了南宁的对外开放，实现了南宁和东南亚国家良好的贸易往来，增强了综合竞争实力，也为南宁的经济文发展带来了直接的影响。国际民歌艺术节逐渐实现从文化品牌向产业品牌的转变，为南宁的经济发展做出了积极贡献。

早在1999年，南宁市政府在举办首届北京国际大型民歌戏曲艺术节时，就已经确定了循序渐进的创新市场化商业发展思路，最终将国际民歌艺术节打造成为一个以创新商业市场运作模式为主的充满活力的大型节日。经过长期科学的商业市场经济分析和严谨的政策论证，2002年，南宁开始构思举办国际民歌艺术节的管理机制，最后确立了"政府办节、公司管理、社会参与"发展新路子。2000年初成立的南宁大地飞歌文化传播有限公司（以下简称"大地飞歌公司"）是南宁市政府经过深思熟虑后正式设立的一家国有独资企业公司，其主要职责便是筹措国际民歌戏曲艺术节的主要资金和组织策划、运营一系列大型演出活动。该公司的正式成立，象征着南宁举办国际大型民歌艺术节已经不再是简单的一种政府宣传行为，而是成为一项经济活动需要接受市场经济考验。

大地飞歌公司拥有最大限度的自主运营权，它跳出了传统的旧的节日运营范式。在策划和设置民歌艺术节主题活动中，不再局限于节日的民族性和群众性。不但构思出一系列由 10 多个国家的艺术家表演的高质量歌舞文化演艺活动，举办了"节庆文化与城市经济发展"国际主题会议，还邀请了国内外著名节庆城市的专家学者到访南宁，研究节庆文化促进当地经济发展的经验和规律，探究节庆文化的发展趋势。投融资方面，大地飞歌公司首次实施票证承销方式。经过竞标，民歌艺术节门票全部承包给香港知名投资公司出售。在策划广告上，大地飞歌公司构思出一整套全新的投资策略，包括公开拍卖各式主题活动的专有名称权；为提高服务质量，回馈赞助商，公司投入 200 余万元购买《南宁晚报》、《南国早报》、南宁卫视等大量广告及首都主流媒体站，宣传民歌艺术节的各项活动和赞助商形象。

节日进行市场化管理运营自然少不了相关地方政府工作机构的大力协助。但是作为一个官方政府部门，民歌艺术节组委会办公室却只有 10 来名常驻的工作人员，位居"幕后"的他们，协助大地飞歌公司开展工作，发挥着积极的协调者的作用。他们承担着节日运作过程中的大多数工作，兢兢业业、默默付出。

如今，国际民歌节越来越国际化，紧追潮流。艺术节不仅歌颂和传承了民族精神，还在传承红色基因、弘扬爱国主义情怀上做出了重要贡献。壮族文化体验消费的类型如图 7-1 所示。

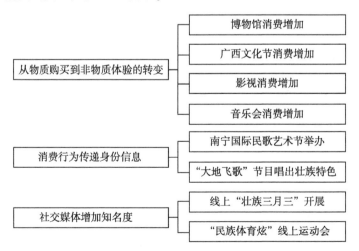

图 7-1 壮族文化体验消费的类型趋势

第三节　壮族文化体验消费的基本特征

一、适配性特征

适配性特征，这指的是个体参与者塑造体验的程度。壮族的消费者参加文化体验活动的一个重要动机就是可以安排、搭配自己的生活，或者可以称其为文化自主。2019 年广西居民人均可支配收入达到 23328.21 元，较 2018 年增长了 1843.18 元，增速为 8.58%；广西城镇居民人均可支配收入达到 34744.87 元，较 2018 年增长了 2308.8 元，增速为 7.12%；广西农村居民人均可支配收入达到 13675.73 元，较 2018 年增长了 1240.96 元，增速为 9.98%。而除了全国法定节假日，广西壮族自治区还多了一个"壮族三月三"五日小长假，因此壮族人民相对有更多的时间参与到文旅活动中。经济上的"财务自由"和时间上的自由安排，是壮族文化消费参与到文化体验活动中的两大重要影响因素。相较于北上广苏浙沪紧张的工作节奏和生活压力，广西慢节奏的工作和生活环境让壮族消费者有更为放松的心态和更为充足的时间与精力去参加文化体验活动。

二、强调身体参与

强调身体参与，这里指的是一个人在活动中身体参与的程度。受新冠肺炎疫情影响，2020 年广西"壮族三月三"相关文化旅游活动以线上活动为主。而在 2021 年，广西在常态化疫情防控的要求下，假期在 4 月 14 日得以恢复，"壮族三月三·八桂嘉年华"文化旅游消费品牌活动开展得热火朝天，各大景区游人如织，全区接待游客突破 1577 万人次，实现旅游消费 125 亿元。游客接待量比没有疫情影响的 2019 年增长 3.1%，旅游消费比没有疫情影响的 2019 年增长 4.6%。小长假期间微风习习，太阳高照，气候舒爽，人们走出家门，外出游玩，尽情享受着只属于春天的美好。游客自驾游和本地游最喜爱的是农家乐和农耕文化创意园。广西各市县的文旅资源都较为丰富，消费者在进行文化体验活动时有较为自由的安排与选择，较短的出行距离和更为充足的出行时间使得壮族消费者愿意将假期出行计划安排在广西各地丰富的文旅资源旅游中。而作为少数民族自治区，民族情感因素也是广西区内文旅消费者将文化体验活动作为出行首选的重要原因。

三、选择的频率

选择的频率，这里指的是文化性的活动频率越来越高。2018 年上半年，广西全区旅游消费总额同比提升 13%，交易总笔数同比提升 22.9%，消费金额人均为 527.19 元。旅游消费对广西总消费的贡献率为 28%。2021 年清明假日期间，全区共接待游客 1046.29 万人次；实现旅游消费 81.42 亿元。其中，南宁市累计接待游客 141.22 万人次；实现旅游消费 13.24 亿元。随着疫情防控形势好转，很多人"被推迟"的出游计划在 2021 年的清明小长假释放。3 天的假期，凉爽的天气，祭祖的需求及美丽的花海等成为人们出游的理由，自驾、骑行、赏花摄影游线路成为游客的"宠儿"，客源以周边市、县等游客居多。2021 年的"三月三"与往年的有所不同，在疫情影响下广西区内的游客更愿意将 2020 未能实现的出行计划在 2021 年完成，这也很好地解释了为什么越来越多的广西消费者选择区内文化体验旅游。而随着广西经济的发展和广西区内壮族文化产业建设以及文旅资源的开发，壮族文化消费者基于民族情感归属并考虑到文旅出行最佳性价比，区内的文化出行将成为首选，而更为频繁的文化体验活动也正在成为区内人民消费的主旋律。

四、涉及群体交叉

涉及群体交叉，这里指的是适应了消费的第三个趋势，通过社交网络，广西本土消费者与广西以外的消费者都参与进来了。2020 年"三月三"期间超 6 万人参与了柳州市"鱼峰歌圩·三月三"网络平台活动；观赏"三姐邀你来嗨歌"抖音视频的人数超过千万人，共获得 44 万激情点赞；壮乡歌圩文化和全国各地音乐文化的隔空"云"碰撞受到了全国 50 家电视媒体的关注和推动，人们通过媒体向广大壮族人民表达敬意和问候。利用互联网技术进行现场观展、点击观赏"非物质文化遗产"，为传统文化的接续传承注入新的活力。2020年的"三月三"期间，受疫情影响，特技非遗传人从线下转到线上直播间，各级地方博物馆都为此展开了形式新颖、内容丰富、精彩有趣的线上直播，收获了一波又一波对传统文化有浓厚兴趣的朋友。也获得了观众的点赞与支持。在这次活动中，广西博物馆与32万位朋友牵手齐"云聚"，一起度过了欢快而又充满乐趣的"三月三"。南宁民族文化艺术学院关于南宁非遗和壮乡非遗的网络平台在线直播共有14万人点击观看；"'三月三'民族体育炫"也紧跟时代潮流，通过丰富有趣的线上体育活动，推动大家居家强身健体，在这个受疫情冲击不平凡的春天"炫"出别样风采。

让来自四面八方的客人参与进来。"民族体育炫"线上综合运动会在全国尚属首次。其最大特点是线上参与，不受地方空间限制，人人都可通过手机扫码参与活动，方便快速、参与人数多。在线棋牌、在线围棋、在线桥牌、在线电竞……海内外人们的比赛热情被如今各式各样在线体育活动所激发。参赛人数超过70万，这个人数是奥运会和全运会等大型体育综合赛事参加人数总和的70倍，"让广西形象走出去"组织部最大限度地通过主流网络平台对比赛进行直播，并且特邀著名文体明星担任主播。大大提高了赛事的关注度和影响力。

得益于直播行业和线上互动式体验平台的发展，各地区的文化体验消费者通过线上的方式参与到广西区内的壮族文化消费体验中，这一群体交叉消费趋势或将成为壮族文化发展新出路。通过网络的传播，"广西壮族三月三歌圩""南宁国际民歌艺术节""绿野音乐节"等文化活动吸引了众多区外游客和消费者，他们通过线上或其他信息渠道了解到广西壮乡特色文化后，通常会在节假日时参与到广西的文化体验活动中，并在微博、微信等社交平台上分享广西的特色壮乡文化，使广西壮乡文化得到再传播。综上所述，壮族文化体验消费的特征机理如图7-2所示。

适配性	强调身体参与
选择频率高	涉及群体交叉

图7-2　壮族文化体验消费的特征机理

第四节　壮族文化体验消费对广西消费经济的影响

近年来，政府和地方人民为支持优秀文化产业发展投入了大量资金。广西的整体文化消费指数近年来也有所提升，近五年综合消费指数增长 6.77%，成为该指数增长最快的省份之一。政府直接投资和其他社会资本融资一直是发展文化产业的主要资金来源。广西文化产业固定资产投资额近年来呈增长趋势。相关统计数据显示，随着广西人民基本生活水平的提高，不仅基本满足了人民物质生活需求，也达到了精神层面，体现了广西文化产业的发展带来的显著的经济效益。

根据近年来我国相关行业统计数据，2020 年广西居民文化产业公共综合服务增加值消费规模达到 830 亿元，比 2019 年的 750 亿元规模增加 80 亿元。

另一方面，地区间发展不平衡也是我国文化产业发展中面临的重大问题，阻滞我国文化产业的发展，也是我国文化消费经济效益遭遇瓶颈的原因，这些问题都体现了在文化产业中进行供给侧结构性改革的重要性。因为供给供求关系的不平衡，优秀的、高质量的文化艺术产品批量生产不足，使得我国优秀文化产业持续发展过程中出现了很多问题，比如区域化和差异化的问题。而解决这些问题的关键措施就是贯彻文化供给侧结构性改革，政府部门应该不断优化文化供给侧的结构框架，在本地文化产业企业和属地政府供给方面也应该进行优化提升。首先是政府要持续性地强化我国文化产业企业的研发实力、制造能力和政府的软实力，最重要的就是要提高研发文化产品和文化服务的提供能力，达到高效率的供给；其次政府应该持续提升我国文化资源配置管理效率，在文化资源分配中要求市场经济扮演主角，占领主导地位，同样政府也应该赋予市场更多的活力。不仅如此，还应考虑最大限度地发挥地方政府职能，建立文化产业新的市场经济体制，应该将经济效益和社会效益都考虑进来，形成可持续发展的新态势，在文化产业蓬勃发展的过程不断贯彻落实习近平新时代中国特色社会主义思想。

第八章　肉类消费：影响壮族肉类消费的因素分析

　　世界人口已逾 80 亿，全球人均肉类消费也比 1978 年增长了 75%，全球肉类的生产量几乎翻了两番（FAO，2016）。本章节对影响广西壮族消费者肉类消费的因素进行识别和评估，分析壮族人民肉类消费概况。人均收入、城市化率和自然禀赋是肉类消费的主要驱动因素，其他因素包括经济和社会全球化以及肉类价格，消费者的偏好和消费习惯等，如图 8-1 所示。

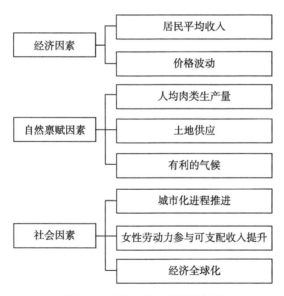

图 8-1　壮族人民肉类消费机理

第一节　经济因素

在谈论影响肉类消费增长的经济因素时，经常提及的就是收入。世界上大多数国家的人均收入都在增长。对发展中国家来说，这导致了人均食物消费总量的增加（扩大效应），这是第一步。第二步是改变饮食结构（替代效应）（Schmidhuber、Shetty，2005）。第二步反映了从富含碳水化合物的主食（谷物、根和块茎）向植物油、糖和动物源性食品的转变。发达国家也观察到饮食的这些变化，Popkin（1993）认为这与所谓的营养转型有关。Cole、Mc-Coskey（2013）发现肉类消费随着收入的增加而增加，在人均年收入 36375 美元时达到拐点。Vranken et al.（2014）、Bodirsky et al.（2015）发现肉类消费与收入之间的关系曲线是"倒 u"形。由于各国处于不同的经济发展阶段，处于"倒 u"形曲线的不同点上，因此收入增长导致各国肉类消费反应不同。Regmi、Meade（2013）发现收入增长导致撒哈拉以南非洲和南亚贫穷国家的肉类和乳制品支出增长幅度大于美国等富裕国家。York，Gossard（2004）发现收入增长对肉类消费的影响在中东和非洲国家比西方国家大。

相对价格也是加速或减缓所观察到的营养转变速度的重要驱动因素。从 20 世纪 60 年代至今，畜产品价格相对于其他产品有所下降（粮农组织，2009）。这得益于技术变革、规模效益提高和牲畜生产部门获得廉价投入的机会增加。因此，即使对于那些没有经历收入增长的消费者，动物性食品也变得更加实惠（粮农组织，2009）。根据个人消费理论，如果肉类价格的下降（上升）超过其他食品价格的变化，那么肉类消费的增长（下降）将保持不变。Gallet（2010）发现肉类需求对肉类价格的反应是负面的，但通常是无弹性的（即自身价格弹性低于 1）。在一个国家的一般饮食中，可替代肉类的食品的价格也可能影响肉类消费水平。当替代品价格上涨时，肉类消费也可能随之增加。巴基斯坦和土耳其先前对食品交叉价格弹性的研究发现，蔬菜、豆类和面包都可以作为肉制品的替代品（Hayat、Hussain、Yousaf，2016；Sahinli、Fidan，2012）。我国改革开放之后，得益于人均收入的增长，人们的生活质量也得到了改善，居民的饮食需求及其结构也发生了巨大变化。随着人们的需求不断被满足，人们对于谷类食物的需求开始下降，而对肉类食品的需求持续增长。中国居民饮食需求不断变化，饮食结构也有所调整。居民在满足温饱后，开始对食物有所选择，谷物类食物占比减少和肉类需求的增加态势是最为显著的表现。

人均收入的不断上涨，居民的食品消费需求发生了由"吃饱"到"饮食好"，"饮食营养"，"饮食健康"的巨大变化，即居民对食物的品质有了更高的追求。随着居民对摄入体内食物的营养意识逐步提高，营养健康有保证的食物成了消费者的首选。越来越多的消费者选择高质量的肉类产品，例如无污染、绿色和有机食品。城乡居民更倾向于食用高蛋白、低脂的肉类。2017年，广西农民人均可支配收入已达到11325元，为1983年的43.2倍，年均增长11.7%，扣除物价上涨因素，增长5.02倍，年均实际增长4.9%。在收入快速增加的基础上，农村居民逐步摆脱贫困，消费水平全面提升，消费领域不断扩大，消费结构更趋合理。2017年广西农村居民人均生活消费支出为9437元，扣除物价因素，是1983年的7.18倍，34年来年均实际增长6.0%。农村居民生活水平进一步提高，膳食结构改善，饮食由吃饱向吃好发展。2017年农村居民人均食品消费支出3043元，比1980年的96元增长了30.7倍，年均增长9.8%。一是膳食结构优化。主食支出比重由1980年的53.6%下降到2017年的17.2%，下降了36.4个百分点；副食支出比重上升，由1980年的42.5%上升到2017年的69.6%，上升了27.1个百分点。二是优质高蛋白食物成倍增长。改革开放前农民首要解决的问题是吃饱，因此粮食消费较大，而现在主要是吃好、吃营养，饮食搭配更加合理。2017年人均消费粮食163.3公斤，比1980年的256.2公斤下降36.3%；人均消费的水产品比1980年增长了13.3倍，家禽类增长10.5倍，肉类食物增长了4.5倍，油脂类食物增长了3.8倍。三是在外饮食增加。人均在外饮食消费支出由1980年的4元上升到2017年的117元，增加了28.3倍，年均增长9.6%。

有学者对广西居民的消费习惯和消费情况做了深入的调查，发现广西居民对植物性食物（谷物和蔬菜）和动物性食物（动物脂肪，肉，蛋，牛奶和水产品）的消费量在不断变化，说明了饮食结构在不断调整。植物性食物的摄入量明显下降，而肉类食物的需求量不断加大。这表明了伴随着人均居民收入的不断提高，广西居民的饮食偏好、习惯和消费情况的变化，居民副食品消费占食品消费支出的比重增加，居民食物消费结构大为改善。广西地区近30年来居民收入绝对值总体上呈现出增长趋势。从1995年到2010年，随着收入的增长，广西居民的生活消费总支出和粮食总消费继续增长。这种现象一方面受到价格因素的影响；另一方面受到当地居民的影响。在增加收入的情况下，将投入更多资金来改善饮食结构和食品质量，以追求更高的生活质量。

广西居民的主食一直是谷物类食物。随着收入的增长和社会供给的变化，居民食品的消费结构也在发生变化。如果从植物性食物和动物性食物这两方面研究广西日常饮食中的摄入，可以发现，需求量下降的是植物性食物，而动物性食品的总消费量在上升。在动物性食品消费层面，广西城市居民从1995年的66公斤增长到2010年的89公斤，年人均增长率约为2%，而农村居民从1995年的30公斤增长到2010年的58公斤，年人均增长率为5%，广西居民对于动物性食品的消费还有很大的增长空间，这表明广西居民的饮食习惯和结构已经从植物性食品向动物性食品转变。

我国肉类消费量稳步增长，近年来甚至出现猪肉价格大幅上涨的情况。得益于我国经济迅速发展，尤其是收入的增加带动了对畜产品消费的增长。随着我国市场经济体制改革的不断深化完善，国内各种食品农产品市场不断更新扩大，人们的消费需求得到满足，消费结构调整升级，肉类产品数量和质量不断提高，以更好地满足人们的需要，农产品市场的体制不断完善。

经济的快速发展也推动了畜牧业的发展，我国人民生活水平得到了空前的提高，城乡居民肉类消费量的普遍增长就是一个重要的体现。随着广西居民收入水平的不断提高，粮食等低价产品的消费比重持续下降，肉、蛋、奶等高价产品的消费比重持续上升，居民消费产品变得更加多样化。蛋白质的主要来源就是肉食，因此，肉类食品在食品消费中占据重要地位。居民注重蛋白质的摄入对其均衡饮食是极其重要的。这些年来，广西居民的人均收入增长了2倍多，其饮食消费结构也随着发生了重大变化，其中肉食消费的内部结构不断优化，高蛋白和低脂牛肉、羊肉和家禽的消费量一直在增加，而低蛋白和高脂猪肉的消费量却在下降。

综上所述，居民平均收入和价格的波动是肉类消费增长主要的影响因素。随着广西人均收入稳定增长，当地居民对肉类食品的需求量不断提高，肉类食品消费结构也在不断优化升级。肉类生产呈现稳步增长趋势，广西当地居民消费肉类数量也在稳步增长。政府落实措施，保持市场价格稳定，肉类食品的价格也相对稳定，广西当地居民更愿意选择消费肉类食物了。

第二节　自然禀赋因子

自然禀赋的差异影响畜牧产品的生产能力。粮农组织的数据显示，大多数国家在很大程度上能够自给自足，生产牲畜产品。因此，一般来说人均肉类消费量与人均肉类生产量密切相关。消费和生产之间的关联通常伴随着市场进出口份额的降低或增长。如果一个国家在国内需求过剩的情况下能够轻易地从国外进口，或者在国内供应过剩的情况下能够轻易地出口，那么国内消费与国内生产之间的关联性就较弱。有多种原因可以解释为什么在肉类方面，国内生产和国内消费之间存在着密切的联系，畜产品食品安全标准的差异是贸易壁垒，食品安全和保护主义政策与国际贸易不同。牲畜产品的运输成本一般高于农作物，建立动物产品的国际食品供应链的难度非常大，需要大量的投资和专业的管理机构（Henson、Loader，2001）。因此，在国际市场上出口过剩的供应或从国外进口过剩的需求，对肉类来说可能比对许多作物和作物产品更为昂贵。这或许可以解释为什么国际贸易额在世界肉类生产中所占份额普遍低于主要农作物和农作物产品，而小麦、大豆、豆油饼和原糖的份额则达到了25%～35%。这也可以解释为什么低收入国家的国内消费和生产之间的关联性特别强，而高收入国家的关联性稍弱，后者能够更容易地利用世界贸易来解决供求过剩的问题。由于国际贸易在满足国内肉类市场过剩供给或过剩需求方面的作用有限，影响国内生产能力的国内资源禀赋也直接影响国内畜产品消费。有利的生产条件将反映在动物性产品的低价格上，但传播渠道也可能超越市场机制，动物生产者可能通过广告游说影响消费者的偏好（Bogueva、Marinova、Raphaely，2017）。因此，拥有自然禀赋条件的国家或地区可以实现畜牧业生产的满足，畜牧业生产的重要自然禀赋因素包括土地供应和有利的气候。由于畜牧业的饲料种植和牧场需要很大的土地面积，土地短缺可能会阻碍一般的畜牧业生产，特别是放牧动物（York、Gossard，2004）。寒冷或酷热的气候阻碍了足够的动物饲料生产，因此可能限制肉类生产。York、Gossard（2004）在研究中发现生活在温带地区的人比生活在热带和北极/亚北极地区的人吃的肉更多，他们把这与温带地区适合粮食生产联系起来，而粮食生产是肉类集约生产所必需的。传统上是肉类生产国的国家，在某种程度上已经形成了一种肉类欣赏文化，这将反映在其人均消费水平上。广西有饲养猪牛羊、鸡鸭鹅的自然资源优势。饲养肉类动物需要丰富的水资源、植物资源，而这些广西都能满足。

广西壮族自治区地处我国西南端（20°54′N～26°24′N，104°28′E～112°04′E）。地势由西北向东南倾斜，地貌以山地丘陵性盆地为主，四周多山，中部和南部多平原，喀斯特地貌广布。其中，草地丘陵和草坡（天然草原）为866.67万公顷，占自治区总面积的36.6%，是耕地的3.39倍。草地丘陵和山坡的可用面积为664.67万公顷。广西属亚热带季风气候，年平均气温18℃～24℃，年平均降水量1694.8毫米，各地市年平均降水量在841.2～3387.5毫米，干湿季节明显，汛期（4～9月）降雨量占全年降水量的80%，水、热、光充沛，饲草种类多、产量高、青绿期长。广西河流众多，水资源丰沛，年径流总量占全国的7.16%。截至2018年，广西辖区内水资源总量约为1831亿立方米，年降水量为1517毫米，水资源丰富。广西红水河段总长658公里，是我国水力资源丰沛的地区。

广西不仅地表水资源丰富，地下水资源也十分充沛。水资源总量和人均占有量均居全国各省前列，是我国南水北调工程的重要水源之一。牧草和其他牧场植物共有1203种，其中禾本科19属和豆科124种。近年来，已经成功地选择、引进和推广了30多种优质牧草。

据统计，每公顷天然草场平均产生 10635 公斤的鲜草。此外，整个地区每年有 120 万公顷土地的冬季闲田地可种植冬季牧草；450 万平方公里的未利用土地，其中大部分可以用作草地；林地和花园地总面积为 1290 公顷。在 1 万公顷土地中，可以在一些年轻的森林和果园中种植青草。食草动物产品的比较效益明显高于食肉动物和家禽，价格相对稳定，显示出对市场风险的强大抵抗力和巨大的发展潜力。

由上述可知，广西土地总面积较大，平原面积占土地总面积的比重也比较大，有大量的天然草地和未开发的草地，土地资源充足；广西的桂东南地区，一年四季常绿，气候湿润，水资源丰富，为畜牧业提供了充足的水资源；这里用于饲料的草料资源丰富，四季生长，为畜禽的生长提供了天然的养料。丰富的草地资源、水资源、植物资源，保证了畜牧业发展规模不断地扩大，孕育出更多优质的畜禽。

第三节　社会因素

肉类消费水平存在差异，除了用经济或自然因素来解释，还有社会因素。其中一个因素是城市化。有学者发现城市化程度越高的地区，肉类消费量就越大（York、Gossard，2004）。城市居民比农村居民消费更多的食物和更多的预煮方便食品（Schmidhuber、Shetty，2005）。他们也更容易接触到现代大众媒体，更容易接触到广告，因此更容易受到全球化趋势的影响，更多地选择以动物为基础的饮食（Popkin，2006）。城市地区也有更好的交通系统和由跨国公司主导的大型超市，更有可能维持动物源产品的冷链（Popkin，2006）。

广西的城市化水平正在逐渐提高。一般来说，城市化是社会经济能力从农村向城市的动态升级。土地城镇化对我国城市化快速持续发展具有重要的支撑和制约作用，形成了鲜明的空间异质性。城市化是我国经济发展到一定阶段的必然产物，是社会进步的标志。从广西壮族自治区来看，根据 2005 年国家统计局的数据，全区城镇化率为 33.6%。到 2014 年，城镇化率将提高到 46%，年均增长 1.5 个百分点。1978 年至 2012 年，城镇常住人口从 360 万人增加到 2038 万人，年均增加 48 万人。

与其他省份相比，壮族地区的城市化率也有了显著提高。越来越多的壮族人迁入城镇定居，从而享受到了城市化带来的方便快捷和舒适轻松。现代农业机械的广泛使用，逐渐由家庭分散的个体生产取代了以集体劳动为特征的传统生产方式。

广西的地理特殊优势在于广西处于东南沿海经济圈、大东盟经济圈和大西南经济圈三大经济圈的交汇处，位于中国南疆地区，是中国重要的沿边、沿江、沿海地区，是我国进入中南半岛的重要通道，同时也是东南亚进入中国的交通要道。中国—东盟自由贸易区的设立和南宁被确定为中国东盟博览会的永久举办地，从国家战略高度把广西推向了改革开放最前沿，广西抓住这次难得的历史机遇，着力推动广西经济社会的高速发展，加快了广西城市化的进程。工业化进程的加快为城市化的发展提供了巨大的帮助。改革开放 20 年来，广西工业取得迅速发展，工业实力相对增强（2003 年，广西实现工业增加值 810 亿元，比上年增长 14%。中国—东盟贸易区充分利用广西优越的区位和资源优势及政策优势。近年来广西已正式成为国内外客商投资的新热点。重大工业项目已经启动，以促进工业发展。其结果必然是城市化进程的加快，城市空间的扩大，城市设施的支持和完善，城市经济的繁荣以及城市人口的增加。国内资本纷纷进入广西。2001 年 2 月，多公司共同合作投资广西铝业集团，总投资额达 150 亿元，年产量达 160 万吨）。广西加快建立以东盟为导向的体系，加快东盟与全国、西南和华南市场之间的双向交流，建立统一的、开放的、全方位的大市场体系。广西市场的蓬勃发展必然会极大地推动广西城市化的进程。

在加快城市化进程的情况下，1999 年到 2018 年，城市中聚集了大量人口，城市建设用地中用于住房、交通和绿化的部分规模不断扩大。城市化水平提升推动着城市建设用地的需求增加。广西处于快速城市化过程中，城市化率也从 1999 年的 35.6% 提升至 2018 年的 50.2%。城市化水平代表人口转变，城市建成区面积、整个建成区面积和城市道路面积代表城市化过程中土地利用情况的变化。

广西城市人口从 399.39 万人增加到 808.50 万人，在总人口中的比重不断上升。广西的第二、第三产业的产值也得到了提升，从 1999 年的 64.7% 提升到 2018 年的 85.2%。从业人员的平均工资也从 7128 元增长到 25660 元，提升显著。广西产业结构也在不断地协调优化中，第二产业、第三产业的不断发展为城市建设用地做出了贡献。不断增长的需求推动了广西的经济发展，同时也促进了广西城市化的发展。2012 年，招商引资实际到位资金 4720 亿元，增长 29.3%。经过几十年的发展，广西形成了以冶金、建材、汽车、机械、化工、制糖、纺织、农产品加工为代表的优势产业。

综上所述，广西城市人口占总人口的比重不断增加，越来越多的劳动力向第二、第三产业转移，产业结构不断优化，交通运输设施不断完善，土地规模不断扩大，用途正在不断扩大。广西的城市化进程正在不断推进，这反过来又促进了当地居民的人均收入的持续增长，并促进了肉类消费。

女性劳动力的参与是营养转型和肉类消费的另一个潜在驱动力。在许多国家，20 世纪 60 年代以来，妇女参加工作的人数大大增加。如今，在不同国家，成年女性在家庭以外从事有偿工作的比例存在巨大差异。女性劳动力的参与对家庭饮食构成有潜在的影响，因为它可能导致消费更多的方便食品（Connor，1994；Manrique、Jensen，1997；Schmidhuber、Shetty，2005）。

广西也有很多女性参与劳作。新中国成立以来，广西少数民族妇女已成为广西社会主义建设中不可或缺的重要力量。她们凭着勤奋、节俭和勇气，为广西的社会和经济发展做出了巨大贡献。改革开放以来，我国经济体制不断改革和完善，加之社会主义市场的建立和发展，广西少数民族妇女的就业条件不断改善，就业岗位遍布各个领域，在职业中所占的比重也越来越高。尤其是在智力型劳作中，其增长速度远远超过了男性。从第三和第四次人口普查数据来看，1982 年以来，广西少数民族女性知识分子的数量从 50200 人增加到 1990 年的 109400 人，八年间增长了 7.68%，远远超过了广西的汉族女性的增长水平。在同一时期。它们还超过了少数民族男女的全国增长率。

作为社会劳动力的两个主要组成部分之一，广西妇女的就业问题也得到了一定程度的解决。截至 1993 年底，广西各族的女性从业人员占社会工作者总数的 42%，高于世界的 34.5%。在城镇地区，女性工人的数量增加了，她们在工人中所占的比例也增加了，就业领域也在不断扩大；在农村地区，女性劳动力的贡献越来越大，从单一谷物生产转向多元化经营以及工业和附属企业。从简单的体力劳动转向技术和专业生产，从生产领域到流通领域。这改变了旧中国把妇女排除在社会生产性劳动之外的状况，并使妇女享有与男子平等的就业权。同时，妇女拥有独立的收入来源，也提升了她们在家庭和社会中的地位。

广西壮族自治区党委和政府高度重视妇女就业问题。从自治区到县市区的劳动就业领导小组的主要负责人是各级妇联。这些领导小组的办公室也有妇女联合会代表的席位。她们与其他部门的同志协调，从妇女的角度提出建议，提出想法和找到方法，讨论有关妇女就业的具体问题，并公开妇女的就业问题。广西还规定，招聘中不应存在性别歧视。同时，要畅通各种渠道，通过发展第三产业，建立劳动就业服务企业，加快劳务输出，积极安排妇女就业。

由此可见，改革开放以来，广西女性地位有所提升，思想解放，受教育程度越来越高，参加就业的人数也越来越多，女性获得工资收入，在一定程度上增加了家庭可支配收入，为提高家庭成员的身体素质，必然需要大量的高蛋白质食物，而肉类食品里面含有丰富的蛋白质，因此需要消费大量的肉类食品。

此外，传统文化影响着消费模式，一个国家的历史和传统，影响着用什么标准区分优质或劣质的食物（deBoer、Helms、Aiking，2006；Leroy、Praet，2015）。广西自古就有饲养猪、黑山羊等家畜的习俗。由《广西通志—民俗志》可知，广西各族农家普遍饲养牛、猪、狗、猫、鸡、鸭等禽畜。现在，养殖禽畜作为商品交易者日渐增多。壮族一般在自己家的厕所围个猪栏饲养猪、牛、羊等家禽。白天将羊赶到山上，在山口设置障碍，以防其走失，晚上将羊赶回山下。壮族最看重的家畜是牛，每年的农历四月初八，他们都会庆祝牛的生日。禁止在这一天使用或殴打牛。并清理牛栏，贴上红纸，并为牛煮一些饭菜。在农忙时节，上山采摘割取野草，并仔细喂养它们；一般情况下会把牛赶上山，让它们自己吃草。为了能够找回在山上放养的家牛，聪明的人们在母牛的脖子上绑上竹筒铃，循着叮当声，就能精准地找到牛。壮族驯牛很讲究日子，多在庚辰日或庚午日训牛。另外，惊蛰那一天不驯牛，习俗认为"惊蛰役牛牛生虱"。

广西都安、马山一带不少农家养山羊，谚云："种姜养羊，本少利长"，养羊成了一项重要的家庭副业。通常，每个家庭养 3~5 只，最多 30~40 只。除了有些在本地销售，活羊主要是对外销售。中华人民共和国成立之前，商人经常去山上收购活羊，赶到南宁，然后出售到广州、香港等地。中华人民共和国成立后，山羊育种有了新的发展。武宣壮族有合作养猪（统一管理、统一销售）的习惯，即甲方投资购买猪，交给乙方饲养，甲方回购小猪。到年底，当猪长大时，他们将出售或屠宰。一般情况下，与甲方进行谈判、协商、签订合同、履行合同。此外，当地还有"养轮猪"的习俗，即轮流养猪。需要有三家到十家的农户参与，共同出资轮流喂养。按照习俗，在轮换期满的最后一天，要在送走猪之前将其喂饱，不然下一家可以拒绝喂养。猪长大后被宰杀或出售，钱和肉平均分配。如果猪是由某个家庭购买的，则该家庭可以免除轮换喂养在到期日，除归还猪本外，其余部分将平均分配。该习俗发展到今天，兄弟和亲戚之间仍然存在轮养。

广西当地汉族农民春天养牛、犁地、耙田。牛活重，经常给牛煮粥；夏秋两季不喂食，只吃草；冬天用麸皮和大米熬粥喂牛，少吃草；秋天，将稻草晒干，堆在树上，冬天冷的时候，将盐水浇在稻草上，然后挂在牛棚里喂牛。有人在买到新牛开车回家时，要在牛角上贴一块红布，放鞭炮，然后把牛赶进围栏。苍梧汉族在每年农历五月初一庆祝"保牛生日"。那天，农户包粽子时，另外包两只挂在牛角上，一边一个。牧牛人向各户收钱，买猪肉、鸭肉、香火、蜡烛在岭头供奉神灵，做饭祭祀，然后动手修山路和牛路。中华人民共和国成立后，这种习俗逐渐消失。

广西各民族都有饲养家禽的习惯，饲养家禽的种类较多，饲养经验十分丰富，对肉类的消费意愿更加强烈。庆祝民族节日也需要用到肉类食物，以表达尊重。随着经济快速发展，当地居民收入增加，生活质量显著提高，对肉类的消费量大大增加。

第四节　全球化的影响

全球化意味着资本、技术、商品、服务、人员和信息等生产要素跨国跨地区的流动，一直被提倡为饮食变化的驱动力（Popkin，2006）。但是，关于全球化与饮食变化之间的联系尚无共识。Oberländer、Disdier、Etile（2016）解释说当前的研究表明贸易和外国直接投资（FDI）导致国家粮食系统趋同。这种发展反过来又有助于因营养转变而改变饮食，从而增加了肉的消耗。但是，尚无专门的研究或报道出现。Oberländer（2016）的研究表明所谓的经济全球化（即贸易和外国直接投资开放度）对饮食中动物产品（包括肉类）的能量消耗没有重大影响。但是，所谓的社会全球化（即与外国人的私人往来，信息流和文化接近度）导致饮食中动物来源的能量增加 20%（Oberländer，2016）。这表明饮食的趋同与诱导的文化趋同机制更相关，而不是与全球化的更纯粹的经济方面更相关。在我们看来，全球化导致区域肉类的流通更为顺畅，也增加了肉类的消费。

广西每年从东南亚进口很多鸡翅膀等食品。广西沿线各县已实现国内一流口岸全覆盖。累计建成通海、通省的主要公路 20 多条，开通国际客货运航线 17 条。陆路口岸也是"一带一路"中南半岛经济走廊建设的重要节点，基础设施加速升级，中国与东盟的商务贸易变得更加便利。东盟是广西在对外开放过程中的重要战略中心，并且已经连续 13 年成为广西第一大经济贸易伙伴，同时也是广西第大二国外资本来源地。

2004 年至 2015 年，广西与东盟的进出口业务逐年增长，占广西进出口总额的比重越来越大。尽管 2008 年广西与东盟之间的进出口额总体下降，但东盟和广西之间的贸易对于广西构建对外开放格局发挥着越来越重要的作用。北部湾经济区是广西与东盟之间沟通最频繁、贸易时间最长、合作成果最多的示范区。2013 年，广西与东盟经济贸易总额突破 145 亿美元，同年年底，习近平总书记在中央经济工作会议上提出，加快推动"丝绸之路"经济带的建设，抓紧制定战略规划，加强基础设施建设，拉紧相互利益纽带。随后从

2015 年开始，广西同东盟的进出口额再次大幅增长，相比上一年，增幅高达 50%。2016 年的增幅更为惊人，达到 2015 年的 6 倍之多。广西在对东盟的出口贸易中以资源性产品、劳动密集型产品为主，广西对东盟的进口贸易中以食品、非食用原料、矿物资源和机械与运输设备等为主，这些都属于中低端的、技术含量不高的资源性产品。

在全球化的趋势下，广西与东南亚的贸易往来更加密切。广西得天独厚的地理区域优势、政策优势、平台优势、资源环境优势让广西对外贸易的发展越来越迅速。北部湾航空公司的加入极大地提升了广西的航空运输能力，有力地促进了广西与东盟国家在经贸、旅游等方面的友好合作。广西跨境运输物流业稳步推进，2018 年，中新互联冷链专列成功开通。现在，与"普通货运火车+公路运输"相比，每吨货物的运输成本降低了 1/5。并且西南地区与新加坡之间搭建了全新的海陆贸易通道，使广西成为国际化的城市，运输和物流枢纽的优势日益凸出。

广西一直坚持将经济发展的第一方向和战略重点聚焦在与东盟的贸易合作上，积极发挥与东盟陆海相连接的区位优势，积极强化与东盟伙伴们的合作，并不断探索新的合作之路。如今已经取得良好成效：一是南宁已经连续成功举办了 16 届中国—东盟博览会，推动了中国—东盟自贸区建设，将为与东盟的经济贸易交往提供更为方便快捷的平台。二是不断加快中国—东盟信息港建设。2018 年到 2025 年将会重点打造 90 余个项目，总投资额高达 750 亿元。三是中国和东盟的港口城市合作网络建设成效显著。目前总共有 31 家涵盖了东盟国家主要港口的成员国，成为中国—东盟交通合作开放性机制与"一带一路"的海上通道。四是广西和东盟的经济贸易合作硕果累累，进出口贸易额不断扩大，在过去的 19 年里，东盟一直是广西最大的贸易伙伴，而自从 2010 年中国东盟自由贸易区建立后，两者之间的贸易额年均增幅达到 22%。全球化促进了广西与东南亚旅游、技术、产业、劳动力等的流动，促进了东南亚食品的生产，增加了食品生产量。受经济全球化和区域一体化发展的影响，亚洲地区整体化的进程也在加快，中国和东盟都是亚洲地区一体化进程中的主要角色。连接广西与东南亚的交通基础设施的完善，食品冷冻技术的发展，促使广西进口东南亚的鸡翅等食品数量大大增加。

由此可见，在全球化趋势下，东盟的成立、"一带一路"倡议的开展等促进了广西与东南亚的贸易合作，技术、人才、产业的流动，交通基础设施的完善，广西所具有的独特的资源优势，对从东南亚进口所需要的食品提供了强大的推动力。广西与东南亚历史渊源悠久，两地的文化交流密切影响着两地的饮食习惯，推动着东南亚的畜牧业发展。广西当地的农产品出口到东南亚，增加当地居民的收入，进而可消费更多的鸡翅等食品，肉类需求增加，推动着广西从东南亚进口更多的肉类食品。

第五节　肉类消费对广西消费经济的影响

本章的研究结果为现有的关于壮族经济、社会和环境因素影响肉类需求的文献提供了参考。肉类需求随着收入、城市化、女性参与、西方文化、社会全球化和有利于肉类生产的自然条件而增长。收入对肉类消费的积极影响是意料之中的。需要指出的是，有学者发现人均收入与动物肉类和人均肉类消费总量之间存在线性或近似线性的关系，人均收入较低的国家肉类消费增长更多（Regmi、Meade，2013）。通过计算 2005 年和 2011 年人均肉类消费总量方程，2005 年到 2011 年，人均收入最低的 10% 的国家的肉类消费量增加了 4.6 千克，人均收入最高的 10% 的国家的肉类消费量减少了 13 千克，表明平均而言，肉类消费量在最贫穷的国家增加，在最富裕的国家减少。广西是个正在发展中的西部地区，所以肉类消费的增长比较快。当我们比较人均收入最低和最高的 25% 的国家时，这个结果是稳健的。这也符合 2005 年和 2011 年的实际肉类消费量。自然禀赋因素对肉类消费的影响表明，一个国家的生产能力决定了其肉类消费模式，尤其是动物肉类。由于禀赋因素被赋予了不受消费水平影响的实体，肉类需求的增加不仅是生产的动力，而且生产在某种程度上也决定了一个国家消费的肉类种类和数量。当国家有可能在需求过剩的情况下从国外进口或在供应过剩的情况下出口时，国内需求与国内生产之间的联系就变得不那么紧密了。这一机制可能是自然禀赋因素对动物肉类消费的影响大于对总肉类消费的影响的原因。广西不仅具有饲养肉类动物的自然环境，城市化、女性权利等社会因素也直接影响其肉类消费。

第九章 怀旧消费：壮族传统食品标签与消费

怀旧标签可以加强食物的吸引力。怀旧标签通过培养一种食物的舒适感来发挥作用。怀旧指的是对过去的一种感伤的或渴望的感情（新牛津英语词典，1998）。这些记忆大多来自童年、青春期或成年早期，并被喜爱和珍视（Lasaleta、Sedikides、Vohs，2014；VanTilburg、Bruder、Wildschut, et al.，2019；Zauberman、Ratner、Kim，2008）。怀旧是一种自我相关的情感（Cheung、Wildschut、Sedikides，2017；VanTilburg、Wildschut、Sedikides，2018；Vess、Arndt、Routledge, et al.，2012），它混合了积极的情感（如满足、快乐、幸福）和消极的情感（如失落、悲伤）；（Hepper、Ritchie、Sedikides et al.，2012；Sedikides、Wildschut，2016）。这种怀旧的概念得到了五大洲至少 18 个国家的市场营销和消费研究人员的认可（Hepper、Wildschut、Sedikides，2014）。怀旧是普遍存在的（Wildschut，2006），并由不同年龄段的人体验（Madoglou、Gkinopoulos、Xanthopoulos et al.，2017；Zhou、Sedikides、Wildschut, et al.，2008）。在市场营销中，怀旧促成的与有意义且愉快的过去的重新联系受到了欢迎（Holak、Havlena，1992；Muehling、Sprott、Sultan，2014；Stern，1992）。本章节将从视觉感染力、情感交流、激发怀旧情感、怀旧壮族食品角度切入分析壮族怀旧消费的机理，如图 9-1 所示。

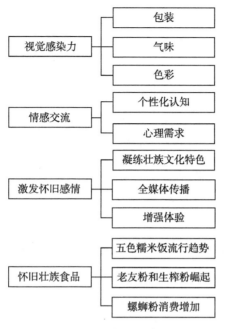

图 9-1 壮族怀旧消费机理

第一节 壮族的怀旧营销元素

怀旧的线索可以作为一种营销工具，以多种方式进行整合。营销人员通常会使用背景音乐、味道、气味或图像来引发怀旧情绪（Muehling、Sprott，2004）。在之前的一项研究中（Wansink、Painter、VanIttersum，2001），描述性菜单标签（像"嫩烤鸭"）取代了标准标签（像"烤鸭"），这个转变使销售额增长了27%。其他研究也指出可以通过语言标签修改味觉和气味评价（Lee、Frederick、Ariely，2006；Liem、Miremadi、Zandstra et al.，2012）。营销人员通过恢复与过去相关的促销、产品和包装来利用怀旧情绪（Stern，1992）。尽管消费者无法回到过去，但他们可以通过怀旧的消费活动来重现过去（Braun、LaTour，2005；Fournier、Yao，1997；Havlena、Holak，1991；Sierra、McQuitty，2007）。正如Belk（1988）所说，怀旧的消费让人们沉浸在过去的荣耀中，希望能神奇地与其中一些记忆擦肩而过。怀旧被用来说服消费者：产品具有更高的价值，因为它们与积极的，也许是理想化的过去有关。如今的广西商家促销时，纷纷打出原生态、传统工艺等招牌，例如古法红糖、六堡茶等。

传统的古法红糖熬制工艺非常的复杂，全程需要无菌操作。将当天收割的甘蔗切碎再碾压出汁水，将汁水过滤去除杂质。再经过数道工序后，不同的锅承担着不同的任务，历经"五榨三滤两浮一沉"，10~12个小时后，即可将红糖舀入模子，冷却成型。以广西的府城"红娘"牌古法红糖为例，分别从消费者的本能层面、行为层面和反思层面体现出怀旧营销因素对壮族产品的影响。

首先，当消费者不能对产品的质量和功能进行详细的分析和判断时，就会本能地对产品的外观包装等产生兴趣。而精美的包装、芬芳的气味和明亮的色彩等都会加深消费者对产品的初次印象。在外观上，通过对产品进行怀旧风的图案、文字等设计和改良，给消费者营造出一个较好的视觉效果，增强消费者对怀旧的认可。例如府城"红娘"牌古法红糖，在红糖的制作上，红糖以甘蔗作为原材料，而在传统文化中甘蔗体现的是壮族人民流淌在血脉里的勤劳和坚守。因而产品包装带上"红娘"这个形象，用图片呈现传统风格，让府城壮族人民朴实的形象得以展现。再加上文字描述，"手工精制，古法天然"，体现出有机、原生态的红糖制品，符合消费者追求天然产品的心理需求。

其次，行为层面的壮族产品注重消费者体验，通过体验活动给予消费者充分的想象，最大限度地保证了消费者的参与度和口碑，提升壮族消费者对古法红糖品牌的态度，增强了品牌认同感。古法红糖良好的产品设计拓展了消费者的想象空间，极大地提升了消费者参与和分享的乐趣，提高了消费者对红糖产品的认同感。对传统工艺进行改造升级使得红糖的品质更好。古法红糖充分考虑消费者的食用需要和心理需求，推出罐装，方便携带食用的同时，引发使用者对童年回忆或对场景事件的回忆，从而产生同理心，增加古法红糖的销售量。如此做法，让我们看到壮族人民无尽的智慧，不仅增加了收入，还自然地宣传了壮族的文化历史。

最后，壮族在反思层面的产品设计具有情感交流的效果。产品的外观和使用过程中的体验都对消费者的怀旧心理具有导向作用。同时，消费者在使用产品的过程中产生的情感、被勾起的回忆等都会影响怀旧情绪。红糖产品以一种有趣的方式向观众展示了壮族浓厚的文化。

对于具有民族特色的产品，它的第一属性是文化，其次才是产品。人们对产品的认同首先是对文化的认同，而激发消费者的怀旧情感能让产品更好地销售。广西梧州市的六堡茶就是一种既具有特殊价值又具有民族特色的产品。以下就六堡茶的原生态因素如何激发怀旧情感进行阐述。六堡茶是广西梧州市的地方特色，也是中国国家地理标志产品。六堡茶属于黑茶，具有独特品质。

首先，凝练壮族文化特色，激发购买欲望。广西六堡茶兴于唐宋，盛于明清，清嘉庆年间，其以独特的槟榔香味入选中国 24 个名茶。六堡茶本身经历了漫长的文化积淀，是怀旧情感的重要载体。要精心挖掘最具代表性的地方特色产品，因地制宜，保护开发利用的同时要适度规范，彰显视觉冲击力。保护具有特色、历史和文化的六堡茶种植基地，不仅要保护六堡茶，还要保护六堡茶种植基地周边的文化和景观，整体突出地方特色。为了更好地打造六堡茶旅游区，当地部门进行多方考察调研，考虑了人们的消费偏好，以及未来的旅游文化趋势。打造了一个原始的六堡茶基地，其生产的六堡茶融合了当地民族文化和特色，凝聚了当地百姓的劳动结晶，激发了人们购买六堡茶的欲望。

其次，增强体验，感受儿时的幸福与甜蜜。随着互联网的普及，人们已经习惯于在消费前先进行信息检索，然后做出自己的消费决策。但是别人的间接经验总是没有实感，所以消费者对于感官刺激特别重视。六堡茶的营销包括让消费者获得视觉、听觉、嗅觉、触觉、味觉等全方位的感官刺激。一是通过具有怀旧属性和鲜明标志的包装设计给消费者带来视觉体验，必须注重细节，随时随地保持触发消费者的怀旧之情。产品包装描绘了当地居民身着民族服饰和原汁原味的茶园。二是充分利用壮族民族乐器、民族歌舞和节日活动，如广西"三月三"传统节日；播放当地音乐，在特定时间和地点唱民族歌曲和跳民族舞蹈，与消费者互动。让消费者在参与的过程中感受当地的民族传统，从心底激发消费者的乡愁和怀旧情绪。三是六堡茶的营销需进行嗅觉营销，因为服务场景中的气味可以提升消费者的幸福感，营造良好的氛围。六堡茶的冲泡就地进行，香气弥漫在空气中。消费者在不知不觉中体验到童年的快乐与甜蜜。消费者想要体验更多的原生态因素，可以现场参与产品的生产过程，自己品尝（自己做的食物感觉更好），在亲身体验后购买六堡茶。四是优化制作过程，增强消费者的体验感，促进消费者的购买。在六堡茶的体验方面，可以即刻满足人们的怀旧心理，消费者通过怀旧体验，不仅可以感受到广西人民的热情和文化习俗，也因为全新的体验，身心得到满足。

最后，全媒体传播，原生态的展现。六堡茶进行怀旧营销最重要的一步是让人们获得更多的相关信息，这也是六堡茶业绩稳步上升的重要原因。如今已经进入社交媒体时代，大家纷纷利用智能技术进行营销推广。特色村寨的宣传推广，要融合多种媒体，发挥各自优势，采取全媒体传播，将六堡茶原生态的"怀旧特色"宣传出去。一是要将传统媒体做好。充分打好广告，利用电影、线下宣传的渠道进行怀旧情感的宣传，制作出优良的广告牌加上好记顺口有内涵的广告词，并放在显眼的位置；拍摄制作精良带有复古怀旧的宣传片，在具有影响力的媒体播出。通过这些传统媒体可以更接地气的宣传六堡茶的怀旧特色。二是发挥口碑作用。互联网信息的高速传播，给产品带来了机遇和风险。我们要做的就是抓住机遇、避免风险。最重要的一步就是创造良好的口碑，选择与本产品风格相似的网络红人，将产品与其结合起来，让消费者参与互动，激发分享欲，让其引导身边人消费。三是做好自媒体宣传。可以在多个社交媒体平台设立自媒体，与消费者进行互动，加深消费者对产品的了解，进一步与消费者建立良好的关系，提高消费者对产品的关注度和购买意愿、分享意愿。总之，六堡茶利用原生态的卖点，以"中国红"的文化韵味和民族特色为准则，激发消费者的怀旧情感，走上复兴之路。

通过以上的两个例子，我们可以发现壮族的产品往往会树立一个原生态、传统工艺的形象，对产品做怀旧营销，找到集体符号或元素，恰到好处地运用复古创新元素，以及设定新的情境或行为，帮助人们回忆过去的美好，在这个过程中，赋予品牌情感价值，促成销售转化。

第二节　怀旧与壮族食品

食品和饮料的广告往往带有怀旧情调（Muehling、Sprott，2004）。带有基于怀旧的广告标语的食品包括谷类食品、热饮料和糖果（Werther's Original、Brody，2013；Cui，2015）。怀旧的吸引力在过去包装的复兴中也很明显，例如复古包装的使用（Cui，2015）。食品营销中怀旧情调的其他例子还有通用磨坊的谷物复古包装（Elliott，2009；Wong，2010）、百事的复古风格包装和促销（Horovitz，2011）。购买意向可能会受到食品标签的影响，影响原因就是选择过程得到了简化。在实际生活中，食品的估价可以使用标签进行修改（Case、Repacholi、Stevenson，2006；Djordjevic、Denic、Anguita，et al.，2008；Lee，2006；Liem，2012；Wansink、Painter、Ittersum，2001）。有些食物更容易引起怀旧情绪，例如那些与童年、家庭成员（如祖母）或家乡有关的食品。当食物本身并不怀旧的时候，可以将它贴上怀旧类商品标签（如奶奶的和爷爷的）而不是单纯的描述性标签（如美味的）。人们常常回顾过去寻找情感寄托和安全感（Stern，1992）。怀旧在某种程度上与过去的信念有关（Sierra、McQuitty，2007；Stephan、Sedikides、Wildschut，2012）。怀旧的幻想利用了过去心理和身体上的满足感，并将其转移到现在（VanTilburg、Sedikides、Wildschut，2018；Zhou、Wildschut、Sedikides、et al.，2012）。怀旧的食物可以作为一种安慰（即安全和保障），在目前重新点燃积极的，与食物有关的记忆。怀旧的食品标签，相对于描述性的标签，培养了一种满足感。

本书通过五色糯米饭、落水包、老友粉、生榨粉、螺蛳粉等广西传统食品展示广西传统文化消费情况。

一、怀旧为潮：五色糯米饭的流行趋势

掺杂了红、黄、黑、白、紫5种颜色的糯米饭被称为"五色糯米饭"，五

种颜色代表着风调雨顺、五谷丰登和万事如意。在"三月三"那天壮族人民就会蒸这种五色糯米饭，还有一部分地区会将已经蒸熟的饭平均分成五份，然后在中央放入一枚染红的鸡蛋，代表着丰收喜报和大吉大利。大碗的五色糯米饭则从早起就需要做好摆放好，直到天黑之后才可以享用。五色糯米饭作为一种传统的仪式和与人们的故乡相关的食物，寄托着人们的期望，传承着壮族人民深厚的传统文化基因。

"五色糯米饭"是我国壮族最具代表性的美食之一，是在 20 世纪 80 年代出生的人中最能引起怀旧共鸣的食物。随着市场上食品的逐渐丰富，经典的五色糯米饭已经变得越来越小众，甚至几近消失，而品牌则会随着推广而增长。

自 2014 年起，"壮族三月三"成为广西地方性的法定节假日，五色糯米饭成为节假日必吃的美食之一，激发了群众的怀旧情绪。五色糯米具有童年时代的色彩和丰富的怀旧元素，已迅速发展并渗透到年轻人日常生活的各个方面。即使在广西以外，也可以在超市购买五色糯米，与壮族人民一起庆祝节日。从简单的食物到"多维激发"，通过味觉和气味的迁移触发了年轻人构建完整场景的想法以及多维怀旧感。如今，我们既可以在线下商店购买五色糯米饭，线上也在大力推广。"三月三"期间，广西的超市、甜品店等，顺应节日售卖五色糯米饭，同时联合南宁市相思小镇进行"壮族三月三"民俗文化活动，引发许多青年人到网红地点打卡。在 2021 年"三月三"期间，广西著名特产企业、美食餐饮企业和旅游企业均在互联网上加大了促销力度，带动周边特色产品和关于旅游文化消费的热度持续飙升。广西主要综合商圈（包括其中的商超百货和步行街等）的流量大幅增长，可见此举带动消费升级作用显著，每日人流量累计超过 5 万人次的综合商圈有 20 个。不仅如此，五色糯米饭还进行了年轻化处理，采取了怀旧元素，不断将创新元素注入这一壮族美食，持续保持核心和衍生。五色糯米饭不断"变身"形成了各种品牌的糯米饭，又将糯米饭与旅游景区等结合，让传统五色糯米饭变成壮族文旅消费的潮流趋势，通过不断的融合和扩展，将情感网络与"五色糯米"的品牌形象联系在一起，并以童年的名义赋予了文化趋势新的情感价值。

五色糯米将两者结合起来，用温暖的言语勾勒出甜美的气氛，进而满足年轻群体的消费需求，补偿他们的"安全感"。产品广告文案是市场营销"攻心"的主要任务。它体现了未知的产品并创造了图像感，使消费者更容易产生兴趣。

二、怀旧为上：老友粉、生榨粉的崛起

老友粉是广西南宁市及其周边地区的风味小吃，是南宁传统小吃的金字招牌，属于桂菜。老友粉源于老友面，其名来自一段两位老友间的故事。而生榨米粉又称榨粉、生榨粉，是发酵后的米浆辅以肉末等使用榨粉器制成的米粉。生榨米粉是广西壮族自治区的一道特色小吃，在南宁武鸣区、邕宁区及马山县等地区最为常见。这其中，又以蒲庙镇、那楼镇的邕宁生榨粉最为出名。生榨米粉软、滑、香，并以与众不同的微酸而闻名。

（一）产品

老友粉和生榨粉找准市场定位，店面结合怀旧复古元素进行装潢，吸引顾客的眼球。老友粉和生榨粉餐厅进行了创新，将怀旧元素和现代潮流趋势相结合，让产品保留以前口感的同时，不断发展进步。即在保留以前特色小吃身份的同时，既要让顾客感受到南宁的气息，也要增强南宁传统文化的渗透。

（二）价格

老友粉店和生榨粉店需时刻关注市场价格，结合自身的情况进行定价。既要突出自己的独特优势，又要让价格和品质成正比。可以适当地降低价格，让更多的消费者觉得吃得开心。也可以适当地抬高身价，提高自身品质，在服务、装潢等方面用心，让消费者觉得物有所值。在像南宁这样相对繁华的城市，老友粉和生榨粉的最大优势在于自身的发展历程，其见证了南宁的发展壮大。作为具有独特文化底蕴的南宁小吃，价格不仅体现在地理优势和历史文化底蕴上，还体现在相应的服务和独特的怀旧元素上。

（三）渠道

随着经济的快速发展，我国人民的生活水平快速提高，需求不断变化。与此同时，科技也在不断改变着人们的生活方式。人们获取信息的渠道从20

世纪初纸媒时代的报刊，逐渐演变为广播时代的扩音器和口号，再到如今 21 世纪互联网时代的户外媒体广告、电视媒体广告，甚至网络渠道。消费者接收信息的渠道在不断变化。根据问卷调查结果，目前消费群体对互联网的信任度和依赖度仍然较高。所以，南宁生榨粉、老友粉也要借鉴，与时俱进，将部分重心转移到互联网上。

总而言之，老友粉和生榨粉是南宁老城文化的延续，更是南宁人儿时的记忆，如今的年轻人也越来越喜欢这两种米粉，吃上一口醇香的米粉，就能融入和了解这座城市。

三、情怀为本：螺蛳粉的传承和延续

螺蛳粉是广西柳州市最著名和最有特色的小吃之一，其本身独特的爽、鲜、辣、酸、烫的风味，吸引了一波又一波的游客。

对于螺蛳粉的来历众说纷纭，已经无从得知，但每一种说法都是对螺蛳粉的浓浓的情感。在 2008 年的时候，柳州螺蛳粉手工制作技艺成功申遗，被收入自治区第二批非物质文化遗产名录。主要负责申遗工作的黄晓平在申报的文件中写道："将螺蛳和米粉相结合而形成的螺蛳粉，是柳州民间的一大创举，其独特的手工技艺是柳州宝贵的非物质文化遗产。"

而 2020 年 5 月，以田园牧歌的视频演绎方式进行"文化输出"的网络红人李子柒和人民日报合作推出螺蛳粉就具备上述的情怀，其包装进行了满满的复古风设计，既包含了人民日报的海报特色，也有着李子柒品牌的中式味道，同时凸显了螺蛳粉的风味特征。"非遗美食+怀旧风"元素的结合，助力了螺蛳粉的宣传，10 万份螺蛳粉一经推出便被抢购一空。很多消费者对李子柒拍摄视频所展现的田园生活很是怀念，所以当她推出螺蛳粉品牌，而且是与人民日报的联名款时，很多消费者想起了童年时期在农村的生活，或者出于对那种山清水秀的慢节奏生活的向往，其又具备跨界的反差感，感到反感，更多的是将现代生活与过去生活进行比较。消费者的怀旧情怀通过螺蛳粉的联名款得到体现，所以螺蛳粉的营销得以延续。

综上所述，怀旧意味着美好的回忆。情感代表与过去的重要人物或事件

的象征性联系，特别是童年或青少年时期。尽管有渴望或向往的成分，但这种情绪大多是积极的。因此，人们发现它有意义或与个人相关（Sedikides，2015；Sedikides、Wildschut，2018；Sedikides、Wildschut，Arndt，etal.，2008）。我们的研究有助于更深入地了解民族风引发人们购买意愿的作用机制，特别是情感的作用。当前文献强调怀旧的情感体验（Sedikides、Wildschut，2016，2018），怀旧的认知特征（Hepper et al.，2012；VanTilburg et al.，2019），以及唤起的心理过程或行为（Turner、Wildschut、Sedikides，2012，2018；Mei、Li、Wang，2018；Wohl et al.，2018；Zhou，2012）。怀旧是消费者的心理活动过程，也是以食物或标签的形式，从外部考察怀旧。这种怀旧的方式是新颖的。事实上，有研究将怀旧视为外部物体的特性，如气味（Muehling，2004；Reid、Green、Wildschut，et al.，2015）或音乐（Barrett，2010；Cheung，2013）。在很大程度上，物品是否怀旧取决于人们的属性和个人经历与外部特征的结合（Barrett，2010；Van Tilburg，2019）。幸运的是，我们发现了怀旧的一个有趣特征，即在壮族消费者这一细分市场，人们对怀旧对象的属性——壮族传统文化有一致的偏好和消费意愿。

第三节　壮族怀旧食品对广西消费经济的影响

当前，从相关行业发展状态和网络营销发展趋势分析来看，怀旧营销是一种有效的营销方式。而现代怀旧营销经济则是作为一种新的社会经济模式，其市场份额正在不断扩大。怀旧营销经济的理念并非陈词滥调，在现代网络经济和现代情感营销经济的双重趋势影响下，怀旧营销经济理念作为营销和经济的完美结合，无疑正在吸引着现代消费者大量进入怀旧市场。现代怀旧营销经济倾向于以20世纪70年代和80年代的目标消费者和群体需求为营销目标。于是，在现代怀旧经济情怀的双重影响下，他们逐渐成为现代怀旧营销经济的目标消费者甚至品牌粉丝。现代怀旧营销经济通过捕捉现代消费者对过去美好生活的回忆和感受，试图充分释放这种压力的心理特质，针对现代消费者的各种心理特点建立了一套新的营销策略。

首先，随着社会的不断进步，人们日常生活和工作的压力不断增加，怀旧生活经济也大大拓宽了社会大众的重新选择范围，包括"90后"及"00后"的消费领域。受我国怀旧产品经济的强烈影响，这种怀旧营销创新模式仍然有着巨大的市场。我国怀旧产品经济正在积极为广大消费者提供一个良好的消费平台，以有效缓解营销模式和企业思想形态创新两个方面的巨大压力。近年来，怀旧产品经济行业发展迅速，越来越多的怀旧企业已经看到了其巨大的市场价值。

其次，随着移动互联网消费时代的快速进步发展，"80后""90后""00后"逐渐成为这个时代的主要年轻消费者。对于这群年轻消费者来说，他们的童年记忆是完全不同的，但是这群儿童和青少年非常喜欢，寻求发现新的东西，也想要消费怀旧的产品。童年时期流行的品牌、动画和产品都是怀旧经济的主要贡献者。对于这一庞大的漫画消费者群体来说，有很多新型怀旧漫画题材，比如小学怀旧课本、全民怀旧漫画等，都可以直接成为"怀旧"的漫画产品设计主题。对于"80后"和"90后"，怀旧不仅仅是他们集体调动记忆，在一定某种程度上也是他们个性的一种表达。因此，穿上一件"时髦"的黑色怀旧运动外套就显得尤为重要。20世纪初，他们刚刚进入大学，代表了一个新的消费者群体，他们的购买力主要取决于父母的经济能力。品牌的年轻化营销策略主要关注其替代性和个人消费习惯，投其所好地宣传产品。

综合本章节的分析可以发现，实行"怀旧消费"其实质上就是怀旧文化产品创新能力的增强和充分迎合广大消费者的中国怀旧文化审美。总而言之，怀旧是让人喜爱和快乐的。"以旧换新"或许会成为怀旧经济的新方法。

第十章 多元文化适应：壮族消费文化的发展趋势

第一节 多元消费文化发展趋势

本童将通过壮族消费者的食物消费行为，来探讨壮族消费文化的发展趋势。全球化创造了一个多元化的社会和多元文化的市场组成（Neal et al.，2013；Beck，2006；Cavusgil et al.，2005），地方、国家和区域的人口迁移继续改变着人口结构和社会文化结构。近年来，多民族和多元文化社会的出现要求团结（Sarpong、Maclean，2015；Janssens、Zanoni，2014；Rossiter、Chan，1998）和融合（Gaviria、Emontspool，2015；Riefler，2012）。日益增长的多样性成为现代社会不可分割的一部分，进一步研究少数民族多元文化社会和市场结构可以了解他们如何构建多元文化社会中的文化，这对于分析消费文化的当前和未来趋势非常重要（Craig、Douglas，2006；Alden et al.，1999）。因此，文化适应与融合是跨文化营销所关注的（Kumar、Steenkamp，2013；Demangeot，2015；Poulis et al.，2013；Schilke，2009）。Kumar、Steenkamp（2013）提出多元文化市场之间的互动不断增加，在一个民族社区中流行的产品或品牌可能会在更广泛的社会中普及。在边疆民族地区，所有民族构成了当今社会的人口多样性，并为社会文化和经济实践做出了重要贡献（Demangeot，2015）。多民族社群愿意与其他人交往（Hannerz，1992；Cleveland，2011；Woodward，2008）。消费者在多元文化环境中的互动也要求重新审视有关文化适应策略（Oswald，1999；Penaloza，1994）。这些策略可能受到其他少数民族文化、全球消费文化和更多的跨国文化的影响。在现有的文献中，可以发现对文化适应的话题（Askegaard et al.，2005）。然而，需要进一步的研究来分析多元文化适应的机理。本章试图探讨多元文化社会中壮族消费文化适应策略的机理。

第二节　壮族消费文化显示出保持独特性与接受外来文化并存的特征

已有的文化适应文献证实了祖先的饮食习惯在个人的民族身份和文化适应方面的作用（Romo、Gil，2012；Verbeke、Lopez，2005）。食物消费具有文化敏感性（Halkier、Jensen，2011），高度依赖个体生活的社会文化环境。食物消费被认为是社会和社区身份的复杂重叠（Reilly、Wallendorf，1987；Yen et al.，2018），因此表现出文化交换和二元性，正如文化适应文献中讨论的那样（Askegaard et al.，2005；Oswald，1999；Jamal，1998）。食品消费体现了消费者的跨文化边界和边界维持行为（Bardhi et al.，2010）。饮食文化也是各个民族之间的文化纽带，更重要的是，它解释了一个人如何被他/她的社会群体/同伴所接受，因为它是一种与家人和朋友进行社交的有效方式（Wright et al.，2001）。在文化多元化的条件下，消费者在不同的文化实体中会采取多种策略（Cleveland、Bartsch，2018）。在多元文化的环境中，消费者的文化适应与互动是各种社区的多元文化之间的推拉关系。文化适应理论解释了民族社区如何、为什么以及在多大程度上保留其祖先文化、采用外来文化，进而展示一种既不同于祖先文化又不同于外来文化的新文化。双向文化适应考虑了少数民族对两种文化的适应模式。例如，Penaloza（1994）提出了同化、抵抗、维持和隔离四种文化适应结果。它的分类源自 Berry（1981）的四种文化适应策略：同化、融合、分离和边缘化。随后，Dey（2017）支持双向文化适应策略，基于这样的假设，民族消费者可以同时保留他们的祖先文化和采用外来文化。例如，在解释食物消费时，消费者选择和产品摄取方面起着重要的作用（Sheikh、Thomas，1994；Berkman，1997；Lindridge，2005，2009；

Jafari，Suerdem，2012），以及形成与更广泛的社会行为相关的实践（Delener，1994）。类似地，Jamal（2003）研究了英国的少数民族和主流消费者，以调查这两个群体之间的食物消费差异。少数民族消费者无论是在私人层面还是在公共层面都保持着原有的文化身份。在私人层面，他们吃传统民族餐，定期庆祝他们的文化/宗教节日。一些文化适应研究人员（Arends-Toth et al.，2006）还发现，少数民族在公共生活中更倾向于融合，而在私人生活中更倾向于分离。文化二元论，定义为同时具有祖先文化和外来文化的特征，在消费者研究和更广泛的社会科学中越来越受到关注（Schwartz et al.，2010）。在巩固的前提下，有充分的证据表明，由于跨国界移民，许多国家内部和跨国家的社会文化多样性不断增加。作为对全球化的一种反作用，种族、民族和其他地方性的共同身份的重要性以及这些身份的行为效应可能正在重新融合，许多人正在尝试保卫和发扬其文化的独特性，同时也接受那些外来文化的附加影响。

壮族消费文化表现出既有壮族特色又接受外来文化的特性。壮族大多居住在广西、云南等西部丘陵地区，由于地理位置的特殊性，壮族文化具有十分明显的民族特色，民族文化在饮食上体现得淋漓尽致，冯秋瑜在《壮族饮食文化特点》中提到：一方面，壮族是我国南方典型的水稻种植民族，具有浓郁的南方色彩和水稻种植文化特色。另一方面，壮族文化深受汉族文化的影响，汉族文化的印迹也随处可见。

壮族的饮食文化在受到汉族饮食文化影响的同时，也有其独特性。由于壮族地区民风淳朴，其食物都是由本地生长的原料粗加工而成的，没有过多的化学添加剂，正是现代人喜爱和推崇的健康天然绿色食品。随着社会的不断发展，壮族饮食本身也在不断丰富和发展。食物不再仅仅是用来满足基本的生存需求，还可以用来满足味觉、强身健体和预防疾病的需求。于是，壮族人在积累食物经验的过程中，逐渐汇集了一些独具特色的饮食文化。例如，壮族的"糯米"文化，壮族喜爱各种糯米制品。它们不仅美味，而且象征着家庭团聚以及家人和朋友的团聚。用它来招待尊贵的客人，表达自己的心意。其中最值得一提的是壮族特有的五色糯米饭，这是壮族"三月三"民歌节的必备佳品。例如，壮族的"饮料"文化，壮族地区气候炎热，容易上火。居住在壮族地区的人们容易受热、受潮和受湿等。因此，可以消热、缓解湿气、祛湿的饮料是壮族地区的特色。壮族喜欢食用槟榔，山上的植物叶子和米粉制成的饮料。还有壮族的"肉食补虚"文化，长期以来，壮族喜欢食用肉和动物血来增强和滋养身体。鱼肉，营养丰富，美味可口。每个中秋节，壮族人都会做鱼肉。壮族喜欢吃动物血食品，这源于老百姓的俗语："吃啥补啥。"

饮食与消费有着紧密的联系，壮族饮食别具特色，壮族人民的消费习惯也受到其他民族文化的深远影响，卜佳慧在《民族消费文化与人的发展》中发现由于壮族与其他民族所处的自然条件、地理环境以及政治经济因素，长期以来逐渐形成不同的语言、文字、文学、艺术、教育、科学等特色。因为壮族与其他民族的环境不同，所以产生的生活消费也不同。壮族的特色消费体现着壮族传统文化。春节时，壮族人民购买年货、张贴对联、制做糕点、杀猪、包粽子、放鞭炮；壮族群众在中秋节这一天吃月饼，蒸粉做糕，杀鸡宰鸭欢度节日；在每年的七月初七到七月十五，几乎所有的壮族人民都会进行祭祀活动，杀鸭、做糍粑祭祖。各自民族的传统文化决定了其消费习惯。

越来越多的壮族消费者在源自多种地理和部落的社会身份和现代社会身份之间转换。对于壮族消费者来说，这本质上意味着自我的去中心化，过去相对稳定和离散的文化身份随着现代文化相互依存度的增加而消退。因为去地域化允许在更大的市场范围内创造身份。这一过程在一定程度上是由语言和视觉线索（例如促销元素、其他文化相似/不同的个人的接近程度）决定的，这些线索嵌入或以其他方式进入消费者脑海中，嵌入给定的消费环境中。

承接上文所述，我们可以发现壮族的消费文化受到本民族文化的影响，但是在长期的民族发展过程中，由于中国多民族杂居的特点，也接受其他民族的文化以及各种外来文化。《五彩八桂——广西民族文化陈列》这本书讲道，广西是中国的多民族聚居地，有包括壮族在内 12 个世居民族，各种民族文化和民族风俗在此发展，壮族文化与其他民族以不同的生活习惯与民族文化一起交流生活。正如多元文化强调的那样，文化认同的前提条件是包容差异，并达成某种共识，而所达成的共识定然和广西本土的多元文化的某种特征有关。最近几年，广西针对于文化进行研究的学者们把"共生"这个词汇作为广西文化内在的一种特质。共生最开始是生物学科中的专业术语，是指不同生物生活在一起，相互依赖，而后有多位研究专家提出广西文化包含着一种后现代性的特质——共生性。文化不是一成不变的，会随着内部价值观念的变化进行自我调节，还受到所处环境的影响。作为主文化的组成部分，亚文化也是多元的、动态的，对消费者观念及态度的影响也是复杂多样的。不仅如此，亚文化的内部结构和独有特征也在发生变化。壮族的节日庆祝在一定意义上算是一种亚文化，但如今不同地域文化不断融合和碰撞冲击，使得亚文化自身也在发生着变化。比如"三月三"唱山歌活动，已经不单是只有壮族人民能够体验的节庆活动，也在向其他各族人民进行展示，吸引他们来体验。处在大环境下的传统文化也深受外来文化的干扰和影响，使得消费者传统的消费观念有所转变。社会的不断发展和新的亚文化的不断出现，如网购文化和微博文化，这些崭新的文化正在渗透到广西少数民族的日常生活中，使得少数民族消费者的消费动机发生了改变，人们开始采用新的消费方式，产生了一种文化消费。亚文化的融合会影响少数民族消费者的消费动机。在多种文化的影响下，亚文化也会相互作用，展现出复杂多样的类型。人们的消费动机的多样性也会受到这种文化的作用和融化碰撞的影响。不同类型的亚文化之间的作用越来越频繁和密切，更多的人选择接受多种亚文化所传递出来的资讯。多种多样的亚文化的融合将全面影响少数民族的消费动机。

在民族文化与外来文化的共同影响下，当今的壮族消费文化朝着多元化发展，兼具民族特色与其他消费特色。中国有望成为全球第一大消费市场，统计数据表明，我国消费市场的不断扩大，使得中国有希望成为全球最大的消费国家。随着一系列消费促进政策的不断出台和居民收入的增加，中国消费前景广阔，内需将继续拉动经济增长。"三月三"是壮族人民的特色节日，针对民俗文化节和新春换季的特点，"三月三"节日也变成了壮族人民特有的消费节。自 2014 年起，广西将每年的"三月三"设定为法定传统假日。多年来，"壮族三月三"民歌节文化旅游消费品牌活动逐渐走出全国，走向国际，各地游客积极前往广西旅游，体验壮族民俗文化风情。假日期间，广西各地传统民族、民俗文化旅游活动精彩纷呈，以"壮族三月三·桂风壮韵浓"为主题，开展文化旅游活动 300 多场。在"壮族三月三·八桂嘉年华"主会场南宁青秀山风景区举办了具有浓厚民族特色的欢迎仪式、开幕展演、非遗商品和特色美食品鉴、唱红歌等主题活动，用充满欢声笑语的节日氛围展现壮族人民的幸福美满生活。不仅如此，广西重点推出了 4 大文化旅游精品线路，作为第一家在全国省级层面推出"湘江战役之旅"和"邓小平足迹之旅"等数十条广西红色经典观赏线，还有 15 条乡村旅游路线和列入全国首批非遗旅游线路之一的"中越边境非遗之旅"等，吸引了全国各地游客参与。夜间旅游已逐步成为广西文旅消费增长的新动能。假日期间，广西还为游客发放广西文化旅游消费券，重点补贴红色旅游、乡村旅游、研学旅行和旅游新业态，推出特别优惠，掀起广西旅游消费高峰。餐饮消费的增长，使桂系菜肴得到了更多的关注。南宁消费节在 2021 年特意举行了桂系美食文化活动月，20 余家代表广西浓厚特色的高品质餐饮服务企业，像南宁肥仔、桂小厨和邕城人家等都推出了时尚早茶、海滨生鲜和地方烧烤小吃等美食，还推出了满减活动，南宁市餐饮住宿行业的人流量达到了高潮，统计结果显示，仅仅一周时间，南宁市和重点餐饮服务企业累计营业额同比增长超过 30%，客流量增加 16%。壮族的特色民族文化，拉动和促进了消费。随着经济的发展，壮族地区的人民生活质量也逐渐上升，对于娱乐休闲需求有所增长，"三月三"节日推动了休闲娱乐的消费，同时也推动了壮族人民进行具有民族特色的吃、住、行、游、购、娱消费。

在时代的发展中，由于所处的自然条件、地理环境以及政治经济因素不同，壮族人民形成了自己独特的文化，壮族自身的文化影响着壮族消费者方方面面，但壮族人民并非不与其他民族交流。广西乃多民族地区，除了壮族还居住着其他的民族，就如壮族文化长期受到汉族文化的影响，渐渐的壮族文化也吸收融入了汉族文化的一部分。壮族文化发展至今，不仅仅具备本民族的特色，其他民族文化的影子也无处不在。

第三节　壮族消费文化的适应与包容特性

一方面，在不断变化的社会和技术力量的推动下，当前市场一体化的趋势导致了消费者品位标准化的发展（Jin et al.，2015）。另一方面，加速和融合技术和收入差异的趋势并不足以侵蚀弥合差异的消费者行为（Ghemawat，2001），因为少数民族消费者仍然受到其持久的文化价值观的影响。因而出现大众文化和民族文化相辅相成的情况（Cleveland、Bartsch，2018），这些是相互补充的文化（即民族文化和大众消费文化）。值得注意的是，少数民族的消费者独特性在于他们的开放性和愿意探索和学习其他传统和生活方式（Levy e tal.，2007；Crul，2016；Riefler、Diamantopoulos，2009）。掌握一种文化给人一种成就感，并鼓励他们进一步建立他或她的文化资本（Bourdieu，1986）。这样，他就有勇气去学习和体验新的文化。当地文化被定义为人们对地域文化或有界文化的倾向（Featherstone，1990），大众文化与当地文化交织在一起（Hines，2000）。适应与包容在其最真实的意义上是一种取向，愿意与他人交往（Hannerz，1990，1992）。适应与包容的消费者往往寻求多样性和复杂性，并表现出对外来文化情调和产品的品位（Holt，1998）。他们可以是扩张者和/或鉴赏家（Hannerz，1990），（Cleveland、Laroche、Papadopoulos，2009；Cleveland、Laroche、Pons，et al.，2009；Hannerz，1990）。Cleveland、Laroche（2012）认为需要大量的研究来探索少数民族消费者的文化适应现象。正因为壮族消费文化具有包容和适应的特性，才会有上文的保持独特性与接受外来文化的情况。

本章反映了壮族消费文化对外来文化的适应与包容。壮族文化的适应性可以理解为：壮族文化在与其他不同文化的交流碰撞中，对其他外来文化的风俗习惯，思维模式等进行理解并且得以适应接受。壮族与其他民族积极互动并且互为主客体，彼此了解，相互影响，相互制约，相互转化，因此可以调整，控制和优化它们之间的关系。壮族文化与其他民族文化在交流活动中逐渐加深了了解，接受了对方的文化，在语言、习俗、信仰等方面相互影响和相互吸收。这表明它们之间的关系一直在不断发展、调整和优化。随着壮汉文化的不断融合，壮族个体在日常生活中不再与汉族区别开来，这促进了壮族个体的外在适应。随着壮族地区经济的发展，特别是一些旅游开发区的迅速发展，壮族已经高度适应和融合了汉族文化，同时也接受了壮族的传统文化，增加并导致当代壮族文化从同化单一文化身份向整合的双重文化身份发展的趋势。

壮族文化具有很强的包容性，具体可以理解为：壮族文化尊重其他不同类型的文化，并且在此基础上对其他文化持包容态度，愿意和其他优秀文化进行融合，不排斥其他民族文化，并且会受到例如汉族文化和其他民族文化的影响，吸收汉文化和其他民族文化。目前不仅局限于国内，国外其他族裔的优秀文化也会吸收，并将其不断继承、发展和繁荣。壮族文化是一种多元、包容、开放的优秀少数民族文化，它不仅吸收了大量的中原地区文化、巴蜀秦川文化、南越文化，还吸收了古印度、尼泊尔等国外优秀文化，从而形成了自己优良、个性鲜明、韵味深厚的特色。也正因为这种强大的生命力和包容，壮族文化才能够快速的发展、繁荣和壮大。从族裔的角度来看，壮族从来不是一个单一的族群，而是在长期生存和发展过程中多个族裔逐渐融合而形成的一个族群。壮族文化是壮族人民关于思维方式、价值尺度、生活方式等的综合反映和体现。由于上述壮族起源的多元化，壮族文化注定是一种多起源的民族文化，构成了壮族生活方式、思想风格和价值尺度的综合表达和融合。壮族在长期的生产生活过程中，不断与其他民族（尤其是汉族）进行文化沟通，逐步形成和发展壮族文化。具体来说，壮族文化并不是机械式的复制和照搬，它是和其他优秀民族文化有机结合后形成的崭新的文化类型。

广西壮族文化的发展具有"交流"功能。壮族文化通过相互交流而发展。广西民族团结进步的历史，是广西各族文化交流的历史。早在秦朝，就有中原汉族与广西壮族互动的历史记载。不间断的文化交流为壮族文化的适应和包容奠定了重要的基础。广西壮族文化发展中的相互学习是广西民族团结进步的坚实基础。壮族文化发展的相互学习特征体现在日常生活的各个方面。例如，就语言而言，广西有许多民族，语言种类非常丰富，许多壮族人都精通几种语言，也有一些汉语方言词汇来自少数民族语言。

壮族文化的多元包容性不仅体现在对外来文化的尊重和接纳，更突出表现在各个民族文化的包容和融合上。壮族的多元文化主义是各种民族文化包容的结果，民族文化的相互包容是壮族多元文化主义发展的动力。这体现了壮族的多元文化容易和所有民族文化的和谐发展与共同繁荣。共生的需要甚至是增强中国文化认同的要求。一方面，这种包容表现为对其他族裔文化背景，传统和习俗的差异、特征和优势的宽容。另一方面，它也表现为对其他族裔人民的思维、态度和生活习惯的特殊性的宽容。

文化融合体现了多种文化相互接触、碰撞、筛选、整合而成的一种新的状态。壮族文化的融合主要体现在：壮族文化与汉文化等其他外来文化的相互影响、渗透和整合，具体表现在语言、饮食、宗教等方面具有一定的相似性，从而形成"你中有我、我中有你"的局面。这些具体的表现为壮族文化与其他文化之间的融合创造了条件，而民族行为、语言等方面的交流融合进一步强化了民族文化的交流融合。

文化认同是民族同化的最基本或决定性因素。壮族文化和汉族文化的相互交融和相互认同在经济、政治、宗教等各个方面都有体现。在经济方面，两个民族都是农耕民族，造就了富裕安定的生活。因此，两个民族通过农耕文化的交流是很容易产生认同的。在政治生活方面，两个民族都在历史发展的过程中，都视为中国历朝历代的居民，即两个民族都认同其为一个共同国家的居民。在广西，汉族风俗中有很多"壮味"，壮族也不乏"中国风"。在语言方面，很多壮族人从小学习汉语，因离广东较近，还能说粤语，因此，很多壮族人熟悉汉语、粤语以及他们的地方语言，如客家话等，而生活在广西的汉族，也有很多会说壮语。

在宗教信仰方面，壮族和汉族也有很多相似之处，都信奉多神，佛教、道教、原始宗教共同信仰。在历史的长河中，壮汉两族从未没有发生过宗教冲突。根据史料记载，壮汉文化的交流融合碰撞起步的时期大概是明代，激烈的时期是清代。壮汉文化的交流对双方民众都产生了重大影响，壮汉文化各有其特色，且壮汉文化各有其根。两族文化就在这样的基础上相互交融，兼收并蓄，互相成就，不断兼容。在广西，我们可以看到壮汉文化在此交流碰撞出的火花。在这里，不仅可以看到壮汉文化的不同特色，也可以看到壮族文化中带着汉族文化的部分。正是因为壮族人民宽容的态度、良好的心态、勤劳的身姿和批判性的思维，壮族文化在保留自身文化特色和内涵的同时，不断融入新的文化，推陈出新，造就了民族文化的繁荣发展。也就是说，壮族人的适应能力、耐力和包容性，使壮族文化源远流长。

综上所述，在社会的不断发展和推动下，文化发展不仅是在全国化的视野下发展，更是在全球化的视野下发展。经济逐渐发展，旅游开发地区的快速发展，加快了壮族文化与其他文化的碰撞与融入。壮汉文化的不断交融，壮族个体在日常生活中渐渐觉得自己与汉族人没有什么区别了，促进了壮族个体的外在适应。壮族人民不仅善于完善和发扬属于本民族的文化，也可以以博大宽容的心态去借鉴其他优秀文化。

综上所述，本章认为壮族消费文化有保持独特性与接受外来文化的情况，原因是壮族消费文化有适应与包容的特性，如图 10-1 所示。

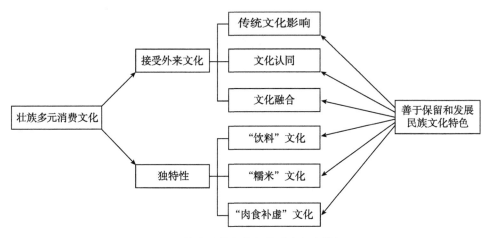

图 10-1 壮族消费文化多元适应包容的机理

第十一章 壮族消费文化融合发展的实证研究

——广西少数民族冬至吃饺子的消费行为

冬至是中国传统节日，但是在不同的地区有不同的习俗。中国北方汉族人习惯冬至吃饺子。在 2019 年的冬至，广西消费者在冬至吃饺子并把这种有趣的体验分享在社交商务平台上，成为网红。广西消费者可细分为文化杂食型和节日身份型两个市场。其中文化杂食型消费者能够包容不同的民族文化，会长期偏好冬至节日和在冬至吃饺子的行为；节日身份型消费者在冬至吃饺子并愿意将视频上传到社交网络。研究结果表明，中国广西消费者已经接受了冬至吃饺子的习俗，并愿意在社交商务平台分享，展现出与中国汉族食物消费习惯融合的趋势。这反映了在社交商务中出现了消费融合这一重要的市场变化。研究成果可以作为国家制定消费政策与民族政策的重要理论依据。

第一节 引 言

冬至是中国农历中一个十分重要的节气和传统的节日，素来有"冬至大过年"的说法。冬至具有独特的节日饮食文化。在冬至吃饺子已经成为中国大多数北方人的习俗。但在 2019 年的冬至里，却出现了一个十分有趣的现象，就是在中国广西的少数民族中，有很多人在微博、朋友圈等社交平台上，晒出他们吃饺子的照片和感受，成为一种网红现象。可是，在中国广西吃汤圆、落水包、豆腐酿、糍粑、鱼生、米粽等才是少数民族的冬至习俗。在中国广西，人们在过冬至的时候一般都选择去吃汤圆和本地的特色食物，而少数民族在冬至吃饺子的行为并不符合传统。现在冬至这个节日里的氛围已经不同以往，人们不仅喜欢吃饺子，还热衷于在社交商务平台上分享，成为一个热门的话题。本研究将探索在社交商务环境下中国广西少数民族消费者关于饮食方面的消费行为的变迁，探究广西少数民族消费者消费行为的动机，为准确了解社交商务时代消费者行为变化和其变化方向作出指导。

第二节　文献回顾

一、有关社交商务的研究

在社交媒体时代的今天，人们花费在社交媒体内容上的时间超过了人清醒时间的 1/3。在 2018 年 7 月全球社交媒体用户突破 22 亿。腾讯——中国国内社交媒体的标志，在 2018 年 7 月有超过 8 亿的活跃用户。有专家认为："曾经我们住在农场里，后来我们生活在城市，如今我们生活在互联网上！"不论你相信与否，这都是我们面临的新现实。一系列崭新的、各种各样的新商务在社交媒体的驱动下生成，新商务的产生挑战了传统商务的运作，特别是对市场营销的影响巨大，甚至可以说它已经完全颠覆了营销实践。社交网络（SNSs）的雄起产生了一种全新的电子商务模式——社交商务。这些平台包括在线社区或其他社交网络站点。IBM 指出社交商务技术有助于人们联系、沟通、分享信息（IBM，2013）。Marsden 等人认为社交商务是电子商务和社交媒体的商业化结合，可以通过社交媒体鼓励互动社交，激发购买行为以拉动产品和服务的销售。有专家提供了一个新场所，用户们可以使用该网络场所进行合作和沟通，同亲密的朋友和亲人交换意见，寻找并购买自身需要的产品或服务是社交商务的本质。在社交商务平台上，广大消费者们可以通过交流评价产品、加入论坛发表意见或分享自己使用产品或服务的心得体会，并且能够通过感知虚拟存在（社会存在感）使消费者满意度增长，鼓励消费。消费者的行为和言论可以对其他消费者产生巨大的影响，直接影响其购买意愿。当前的研究表明社交商务对消费者的影响巨大，但如何将社交商务应用于食品消费的营销指导方面的研究还比较匮乏。

二、有关节日食物消费的研究

学术界关于食物消费的研究主要是人们为什么吃，即选择食物的动机。而对于节日食物消费，存在两种不同的意见，一是"入乡随俗"说；二是"不会改变"说。首先，对于"入乡随俗"说，节日能够使被动的观察者转变为一个积极的参与者。有研究表明，食品参与程度越高，就越有可能寻找替代品并打破常规的食品购买行为。Sims 发现，在节日期间通过与食物有关的活动参与到当地的活动中，会促使游客购买更多当地食物。Cohen 和 Avieli 认为，节日的消费者似乎表现出嗜新倾向，喜欢新颖的食物口味，可能更倾向于新的饮食体验。当地食物可能会对旅游景点的经济收入做出重要贡献。而对于"不会改变"说，特别需要指出的是，有学者认为，改变消费者食物选择习惯还存在非常大的难度。有证据表明意向与行为有较大的差距，其中修改食品选择的意图与实际行为不匹配。人类的饮食习惯取决于价值观、态度、信仰、环保和宗教环境。所有这些都是传统、文化和联系的产物。知识和文化影响特定食物的摄入。成功理解其他国家或族群文化的关键在于了解他们在食品消费习惯中的仪式。Cramer 在其研究中也发现认知信仰可能不足以改变食物的消费习惯。消费者在购物时通常不考虑他们平时所买东西的替代品，而是会根据习惯和简单的提示来选择食物，比如味道和便利性。当前有关节日食物消费的研究，节日的影响作用是大量文献研究的焦点。大部分文献都是在试图评估特定事件如会议、体育赛事和文化节日的经济作用。只有少部分的主题是研究节日对当地的文化影响。本研究将深刻揭示社交商务中消费者行为的变化和社会的变化，并探索少数民族消费者参加冬至节日时食物消费行为发生改变的相关影响因素。

第三节　理论推导与研究假设的提出

态度功能理论，是研究个人行动动机领域中一个举足轻重的理论。我们将利用该理论来探究消费者在节日食品消费行为中的动机。该理论的研究主要分为两个维度，即主观感知和客观感知。前者促进生成表达消费者个体主观感受的需求，而后者促进生成个体从外部客观环境中获得奖罚和认可的需求。所以，我们把在社交商务情景下广西少数民族消费者对冬至吃饺子的态度分为两种，一是主观态度（SA）；二是客观态度（OA）。信息沟通技术包含社交商务，本研究通过技术接受模型来探究消费者个体对于使用社交商务的感知。这种模型是一种被广泛认可和使用的理论模型，可以用来揭示用户访问新系统或技术的行为意图。本研究将该模型分为内在和外在两种动机，前者是指从事物中获取的正面感知，而后者与实现目标和奖励机制有密切关系。基于此，本研究将消费者对于社交商务的感知划分为两种，第一种是对社交商务技术特征的感知——感知技术属性（PTA）；第二种是对社交商务情感特征的感知——感知情感属性（PAA）。

本研究可以通过主客观态度这两个变量来探究少数民族消费者冬至吃饺子的动机是内心支配的主观态度还是受外部客观环境影响的客观态度；通过感知技术、情感属性两个变量，分析少数民族是因为便捷实用而使用社交商务，还是因为使用它是一件充满乐趣的事情。基于上述，本研究从四个方面（主观、客观、情感、技术）来衡量少数民族消费者冬至吃饺子的行为意愿的行为动机。

一、态度对少数民族消费者冬至吃饺子行为意愿的影响

截至目前，态度是研究动机的学者们推崇的领域。学者 Ajzen 表示态度影响认知、情感等方面。也有学者们研究发现动机和态度之间存在一定的关系。态度、动机和形象可以有效预测未来行为。Hsu 等人研究表明，动机对于态度和期望之间的关系有明显的缓和作用。而且，动机对访问目的地的态度有影响。Zhou 等人发现动机和态度相关的证据。Gursoy 等论述，访客的看法"对节日的态度和相应的参与，未来参与节日的意图的形成以及推荐其他人参与节日的可能性在逻辑上是相互关联的"。通常情况下态度表现出人们的价值观和自我概念。人们在社交网络平台上非常直接、简单就可以表达出自我的态度和价值观。广西的少数民族生活中也离不开互联网，他们也会在各种社

交网络平台表达他们的自我价值观。在社交商务情境下，像社交网站和博客
这种社交媒体，大幅度增强了消费者的力量，使得消费者信息获取和分享的
过程得到简化，相反地，这样又增强了他们以此影响其他网络用户的行为。
只要少数民族消费者在冬至的时候在社交平台上发布吃饺子的信息，就会有
大量的用户阅览、评论和转发。人们通过在网络上的交流，相互影响着彼此
的态度，产生了共情。这使得在冬至吃饺子已经不单单是一种习俗，而是一
种人们接受的新鲜事物，每个人都在通过冬至吃饺子的行为来表达他们的生
活态度。近年来，对于饮食文化的差异受到了很大的关注，中国南北对冬至
吃饺子或汤圆的讨论十分热烈，吸引了许许多多网友踊跃参与。这意味着，
随着社交媒体冬至饺子还是汤圆的话题热议，网友更好地理解了不同地方的
饮食差异，同时更愿意尝试另一种选择。广西少数民族消费者的尝试就是冬
至吃饺子。而一个人的饮食偏好无论是饺子还是汤圆，都是自己内心真实想
法的表达。基于此，本研究提出以下假设：

H1a：在社交商务中，主观态度对少数民族消费者冬至吃饺子行为意愿有
显著的积极影响。

消费者个体对于自我社交身份的认知和社会的评价被称为客观态度，和
主观态度不同的是，客观态度不受到自我主体这方面的影响，而是在于他人
的认同或者是他人对消费者本身个人的看法。社交身份认知来自 Smith 对于社
会调节功能的分析。从社会认同理论的视角出发，个体会把自身归于不同的
社会类别中，以便在自己的社会环境中实现自我身份的定义。对各种人类集
合的感知连通性被称为社会认同，它塑造了个人身份。人们对不同社会群体
的认同程度可能会影响他们的行为。消费者与他人的认同不仅可以在品牌社
区背景下发挥作用，在没有正式成员的情况下也是如此。Grappi 在其研究中
表明，参加节日的决策基于出席该事件，而且基于该节日可以作为个人"加
强个人自我形象，与他人沟通他们想要的身份并向所希望的社会群体表明忠
诚"的一种方式。社交媒体不仅针对目的地的两个最常见目标提高对目的地
的认知度，并与消费者建立联系。对一个特定事物拥有情感或者心理链接被
称为社交身份认知。

社会赞扬/批评，通过态度策略性的表达，以达到与社会规范的一致是社会评价。当处在公共关系中的个体需要社会评价的时候，人们对于社会利益关注的需要是人们对特定事物的态度和为此采取的行为的具体反映。这虽然是一种有理智和控制的需求，但行为与态度都在为这个需求而服务。在社交商务的情境下，当消费者晒出某些内容的时候，总是渴望得到朋友圈点赞或者评价的。冬至作为中国传统节日，广西消费者需要尝试接受与之前冬至饮食习惯截然不同的食物，这会影响广西消费者冬至吃饺子的动机，因此广西少数民族消费者冬至吃饺子的行为可以满足他对社会评价的需求。基于此对客观态度所包含的社交身份认知和社会评价的论述，提出以下假设：

H1b：在社交商务中，客观态度对少数民族消费者冬至吃饺子行为意愿有显著的积极影响。

二、社交商务对少数民族消费者冬至吃饺子行为意愿的影响

感知易用性和感知有用性是社交商务的感知技术属性的两个维度。感知易用性是指用户在使用某一特定系统的时候，认为其能省时省力，减少不必要的步骤的程度。Davis 将感知易用性定义为"一个人认为使用某一特定系统的程度是毫不费力的"。社交商务平台的技术易用性越强，消费者就越便于使用，并与其他消费者产生不同程度的联系，接收推送的各种消息。社交商务包括各种消费者可以简单使用的技术手段。另外，Salzman 指出在线信息的增加给消费者提供了更多的体验。如果消费者拥有愉快的社交媒体体验，那么消费者们对特定主题（即产品、服务和事件）的后续意图和行为也可能沿着积极的方向发展——这可能导致他们欣赏、推荐甚至购买相关产品和服务。

感知有用性指的是用户在使用某一特定系统的时候，在其主观上认为其所带来的工作绩效的提升程度。Davis 还将感知有用性定义为"一个人认为使用特定系统时，提高工作效率的程度"。而对于少数民族冬至吃饺子，人们在朋友圈、微博、贴吧上晒出吃饺子的行为，受众就会受到影响，感到他人的

这种消费行为是有用的。因此，综合上述对社交商务感知技术属性所包括的感知易用性和感知有用性的论述，提出假设：

H2a：社交商务的感知技术属性对少数民族消费者冬至吃饺子行为意愿有显著的积极影响。

Moon 和 Kim 曾向技术接受模型注入了"感知的有趣"，并认为这是影响个人接受网络系统的内在动机。具体地说，感知有趣性描述了使用特定系统的活动程度（例如 Facebook），除了系统使用带来的任何性能后果，人们还认为它本身很有趣。Venkatesh 认为由于经验的不断增加，感知易用性和感知有用性的作用预计会逐渐减弱。这个时候，系统特有的感知有趣性被认为是影响的主要因素。因此，我们推测用户在使用积累时可以获得丰富的社交商务体验，感知易用性和感知有用性的效应最终会被感知到的乐趣所支配。Sas 等人（2009）发现消费者会对 Facebook 产生情感依恋以及最令人难忘的体验。他们的研究结果显示，消费者的体验与积极情绪相关，尤其是当他们与人互动和联系时。Chadwick Martin Bailey 在其研究中发现通过社交媒体进行直接品牌互动的正面体验将导致重复购买和推荐。另外惊喜、喜悦、愤怒等情绪也会显著影响用户的信息感知、分享行为和使用产品的意愿。Lee 和 Xiong 发现 Facebook 活动页面的感知享乐对用户"对活动页面的态度"具有积极影响。此外，这种态度也对用户参加 Facebook 活动页面所建议的活动的意愿有积极影响。对于中国广西少数民族消费者冬至吃饺子来说，在社交平台上可以获取自己从来没有经历过的新奇体验，并能在网络中通过别人的回应来获得趣味性。因此，提出假设：

H2b：社交商务的感知情感属性对少数民族消费者冬至吃饺子行为意愿有显著的积极影响。

三、文化杂食与节日身份的中介效用

文化杂食表示消费者愿意接受多元文化，不仅在平常能接受饺子和汤圆，在特殊节日如冬至也能接受饺子和汤圆。节日身份表示消费者只在特殊节日才接受饺子，也是在冬至这个特殊节日的暂时性行为表现。通过引入文化杂食和节日身份两个变量，我们从日常行为和暂时性行为两个方面分析少数民族消费者的食物消费行为。

首先，Bourdieu提出了一种理论，用以解释文化消费模式，即文化品位可以理解为阶层差别的一部分，换句话说，作为社会标志或地位信号。由于高文化需要大量的"文化资本"才能被欣赏，而这种形式的资本只能通过"习性"（上学、养育、家庭背景等）来获得，对这种文化形式的欣赏是排除大众的一种有效方式，因此是社会优越性的一个重要指标。其次，Peterson在对美国音乐品位模式和社会分层的研究中提出，虽然高等教育和收入群体更有可能消费高文化（古典音乐和歌剧），但他们也喜欢各种各样的流行或非精英形式文化（如爵士乐、摇滚乐和大乐队）——他称之为文化杂食者。最初，杂食者仅指那些具有"广泛"文化味道的人，这意味着那些欣赏高格调和流行文化形式的人。然而，Peterson指出，杂食性意味着文化品位的多样性（通过参与不同活动的数量来衡量），而不必包含"高"文化。Swanson进行了有趣的研究，这些研究可能与杂食者/单食者富有成效地联系在一起。关于参加节日活动的动机，他们认为有多个原因，比如美学（或艺术），教育，逃避现实，娱乐，自尊增强（地位）和社交互动，等等。文化杂食的研究正在广泛推广至欧洲各国，但至今亚洲的研究还处于匮乏阶段。对于少数民族消费者冬至吃饺子，文化杂食的特性使得中国广西少数民族地区的消费者能够接受更多其他民族的饮食文化。广西本来也是少数民族的聚集地，除了人数最多的汉族，还有瑶、侗、白等少数民族，很可能出现文化杂食的现象。而在社交商务的背景下，无论什么民族的人们都可以通过互联网来认识和感知世界上各个民族的文化、饮食、消费等，这也促进了彼此之间的交流，因此广西消费者对社交商务平台的感知易用性、有用性、享乐性能够促进文化杂食的实现。因此，提出假设：

H3a：社交商务中，文化杂食在主观态度、客观态度对少数民族消费者冬至吃饺子行为意愿的影响中起中介效用。

H3b：社交商务中，文化杂食在感知技术属性、感知情感属性对少数民族消费者冬至吃饺子行为意愿的影响中起中介效用。

"节日不仅仅是简单地以快乐为动力，也是个人和社会身份协商的媒介"。当代身份研究采用细化的研究方法来理解身份与消费的关系。例如，有学者认为身份显著性、行为和情境线索之间有强关系。Reed 等人提出身份是消费者通过选择或付出将其自我关联，一旦这个标签成为一个人自我概念的核心，他或她就会努力成为那种人。例如 Green 和 Jones 发现参与更多休闲活动（即那些我们系统地追求，希望获得先进的技能、知识和经验），为构建自己的休闲身份创造了环境，并为与其他人分享同样的精神气质而庆祝这种身份提供了舞台。为了支持身份建构，身份的体验化被看作动态的人格化交互作用的交易结果，以重构和动员文化特定的价值观和行为表达。通过刺激被操纵去代表一个想要的形象，消费者就会变得强烈和有目的性，帮助把弱的自我形象转变成更强的事件身份。在参加节日活动之前，人们会寻找刺激来帮助形成一个合适的身份，并在节日期间实施。作为主要的参照点，这些刺激因素鼓励一个特定的形象，个人开始认同自己是一个喜欢某节日的人。在参与者的背景下，个人通过消费实现自我分类，并以此证明自己是节日的一部分。例如，Chaney 和 Goulding 展示沉重的摇滚乐迷如何使用服装将自己变成仪式社区的一部分。Ourahmoune 将这个例子定义为情境转换，即通过购买来创造兴奋和区别于日常自我，但最终对长期的整体自我几乎没有影响。作为中国广西的少数民族消费者来说，过冬至节是十分重要的传统。在社交商务的影响下，有很多人都乐于在节日里晒出自己的照片，分享自己在节日里的行为。而对于冬至来说，节日的气氛烘托出一种喜庆热闹的氛围，消费者受到影响在这个时段上更容易做出吃饺子的消费行为。而网络的影响对于少数民族冬至吃饺子起到了推动的作用，其中有很多少数民族消费者喜欢吃饺子可能是节日特定事件中受到社交媒体影响。因此，提出假设：

H4a：社交商务中，节日身份在主观态度、客观态度对少数民族消费者冬至吃饺子行为意愿的影响中起中介效用。

H4b：社交商务中，节日身份在感知技术属性、感知情感属性对少数民族消费者冬至吃饺子行为意愿的影响中起中介效用。

根据以上的假设，本研究提出如图 11-1 所示的概念模型。

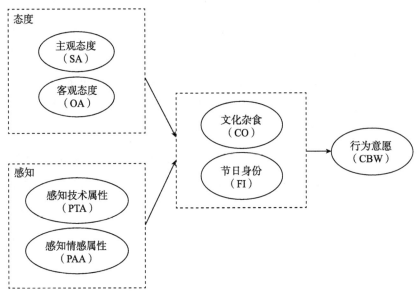

图 11-1　实证概念模型

第四节　研究设计与假设检验

一、研究样本

针对社交商务的特殊性，我们进行了网络问卷调查。有效问卷 337 份，有效率达到 95.4%。其中，47.2% 的被调查者属于少数民族，52.8% 的被调查者来自汉族。样本基本信息参见表 11-1。

表 11-1　调查样本基本信息

		人数/位	占比/%			人数/位	占比/%
性别	男	149	44.2	民族	汉族	178	52.8
	女	188	55.8		少数民族	159	47.2

续表

		人数/位	占比/%			人数/位	占比/%
年龄	18岁以下	13	3.9	月消费水平	0~1000元	35	10.4
	18~22岁	76	22.6		1001~1500元	104	30.9
	23~27岁	156	46.3		1501~2500元	79	23.4
	28~32岁	38	11.3		2501~4000元	52	15.4
	33~37岁	35	10.4		4001~6000元	39	11.6
	37岁以上	19	5.6		6001元以上	28	8.3
学历	高中	36	10.7	职业	学生	188	55.8
	专科	52	15.4		自由职业者	27	8.0
	本科	130	38.6		公务员及事业单位人员	33	9.8
	研究生	119	35.1		企业人员	74	22.0
	其他	0	0		其他	15	4.5

二、变量测量

为了确保变量的信度和效度，本研究尽量采用现有文献中已经使用过的量表，但根据研究目的对部分量表进行了修改和设计，最终得到的量表如表11-2所示。消费者态度的主观态度、客观态度借鉴 Gotlieb 的研究，主观态度提出4个问题、客观态度提出4个问题。社交商务的感知技术属性借鉴 Holden 和 Karsh 的研究，提出3个问题。感知情感属性借鉴 Lee 和 Xiong 及 Hu 的研究，提出3个问题。消费者冬至吃饺子行为意愿借鉴 Pratama 和 Meiyanti 及 Noprisson 的研究，提出3个问题。文化杂食借鉴 Snowball 和 Jamal 及 Willis 的研究，提出3个问题。节日身份借鉴 Davis 的研究，提出5个问题。

三、信度和效度检验

本研究采用的均是经过验证的具有良好信度和效度的量表，但由于对部分量表进行了修改，有必要检验模型中量表的信度和效度。首先，采用 SPSS23.0 进行因子分析，通过 KMO 和巴特利球型检验，得出 KMO = 0.963，巴特利球型检验统计值的概率 P 值为 0.000，说明本数据适合进行因子分析。在因子分析过程中，通过 Varimax 旋转后，得到了 7 个因子，共计解释了 64.21% 的方差，大于 60% 的门槛值，说明研究样本足以解释社会现象。然后，我们进行信度分析。从表 11 - 2 中可以看出，复合信度（CR）和 Cronbacha 值高于 0.7，以上各项指标说明，本研究有较好的信度。

表 11-2　标准因子载荷、AVE、C. R.、Cronbacha

因子	标准载荷	AVE 值	CR 值	Cronbacha
主观态度（Subjective Attitude, SA）：		0.5291	0.8179	0.819
在社交商务中，我可以按照我内心的标准去消费	0.744			
在社交商务的消费与我做人的原则一致	0.707			
在社交商务中的消费行为能够表达我的价值观	0.721			
在社交网络，我可以根据自己的感觉来购物	0.737			
客观态度（Objective Attitude, OA）：		0.5300	0.8183	0.817
在社交商务中，我们可以团结起来	0.681			
在社交商务中，我可以和朋友加强联系	0.737			
我可以把自己美好的形象放到社会商务中	0.749			
在社交商务中，我感受到别人的赞扬和支持	0.743			
社交商务的感知技术属性（Perceived Technical Attribute, PTA）：		0.5643	0.7938	0.783
社交商务使做事的质量更好	0.803			
社交商务使做事的结果更为客观	0.795			
社交商务可以让人在更好的依据基础上做决策	0.645			
社交商务的感知情感属性（Perceptual Affective Attribute, PAA）：		0.5262	0.7683	0.772
在社交商务上分享和评论朋友圈是愉快的事情	0.793			
我喜欢在朋友圈分享我的快乐	0.701			
我喜欢收到朋友圈发出来的各种信息	0.677			
文化杂食（Cultural Omnivorous, CO）：		0.5864	0.8096	0.816
我欣赏过或者将来愿意欣赏两种或两种以上不同类型的音乐	0.773			

续表

因子	标准载荷	AVE 值	CR 值	Cronbacha
我观看过或者将来愿意观看两种或两种以上不同文化类型的舞蹈	0.774			
我观看过或者将来愿意观看两个或两个以上不同文化类型的电影	0.750			
节日身份（FestivalI dentity，FI）：		0.6320	0.8957	0.896
过冬至能让我放松下来	0.794			
过冬至符合很多人期待	0.809			
冬至节日氛围给我感动	0.820			
我很高兴参加冬至节日	0.775			
在冬至里，我有温馨的感觉	0.776			
消费者冬至吃饺子的行为意愿（Consumers' Behavioral Willing nesstoeat dumplings during the winter solstice，CBW）：		0.6688	0.8582	0.860
我未来愿意在社交商务上消费饺子食品	0.800			
我会优先考虑参与到社交商务中推荐的冬至吃饺子的活动中来	0.857			
我会优先考虑消费社交商务中推荐的与冬至吃饺子相关的商品	0.795			

抽取的平均方差（AVE）都大于 0.5，说明有较好的聚敛效度。对于区分效度，我们通过比较因子间相关系数和 AVE 值平方根来实施，结果如表 11-3 所示。绝大部分因子的 AVE 值的平方根大于该因子与其他因子对应的相关系数，因此本研究的数据有较好的区分效度。

表 11-3　AVE 平方根与因子间相关系数

	主观态度（SA）	客观态度（OA）	感知技术属性（PTA）	感知情感属性（PAA）	文化杂食（CO）	节日身份（FI）	行为意愿（CBW）
主观态度（SA）	0.727						
客观态度（OA）	0.715	0.728					

	主观态度 （SA）	客观态度 （OA）	感知技术属性 （PTA）	感知情感属性 （PAA）	文化杂食 （CO）	节日身份 （FI）	行为意愿 （CBW）
感知技术属性 （PTA）	0.719	0.724	0.751				
感知情感属性 （PAA）	0.661	0.717	0.745	0.725			
文化杂食 （CO）	0.700	0.727	0.748	0.710	0.765		
节日身份 （FI）	0.620	0.587	0.638	0.610	0.560	0.795	
行为意愿 （CBW）	0.577	0.557	0.565	0.528	0.666	0.549	0.817

注：对角线上数据为 AVE 的平方根，对角线下方数据为因子间相关系数。

四、数据分析

（一）态度与社交商务对消费者冬至吃饺子行为意愿的直接影响分析

首先，运用 AMOS22.0 软件对提出的假设进行检验，对 H1a、H1b、H2a、H2b 进行检验。通过 AMOS 软件构建了结构方程模型，如图 11-2 所示。4 条路径仅有 1 条是显著的，主观态度和客观态度对消费者冬至吃饺子行为意愿都没有显著影响。在消费者对社交商务的感知里，仅有感知技术属性对消费者冬至吃饺子行为意愿有显著影响，而感知情感属性对消费者冬至吃饺子行为意愿没有显著影响。

（二）文化杂食与节日身份的中介效用分析

为了检验 H3a、H3b、H4a、H4b，本研究构造了如下的结构方程模型（见图 11-3）。文化杂食在主观态度、社交商务的感知情感属性对消费者冬至吃饺子行为意愿影响中存在中介效用，文化杂食在客观态度、社交商务的感知技术属性对消费者冬至吃饺子行为意愿影响中不存在中介效用，即 H3a、H3b 部分成立。节日身份在主观态度、社交商务的感知情感属性对消费者冬至吃饺子行为意愿影响中存在中介效用，节日身份在客观态度、社交商务的

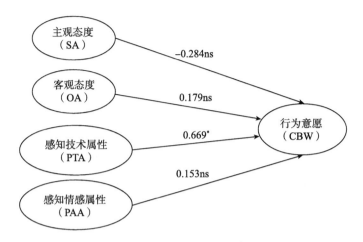

注：* 表示 p<0.05，ns 表示不显著；卡方与自由度比值 CMIN/DF = 1.791，残差均方和平方根 RMR = 0.081，拟合优度指数 GFI = 0.929，调整后的拟合优度指数 AGFI = 0.900，简约适配指数 PGFI = 0.662，规范拟合指数 NFI = 0.925，相对适配指数 RFI = 0.907，增值适配指数 IFI = 0.966，非规范适配指数 TLI = 0.957，比较拟合指数 CFI = 0.965，近似均方根误差 RMSEA = 0.051，简约调整后规准适配指数 PNFI = 0.742。

图 11-2　态度与社交商务对消费者冬至吃饺子行为意愿的直接影响模型

感知技术属性对消费者冬至吃饺子行为意愿影响中不存在中介效用，即 H3c、H3d 部分成立。

　　通过对比图 11-2 和图 11-3 可以发现，加入文化杂食与节日身份这两个中介变量之后的中介效用模型更优。在图 11-2 中，4 条路径仅有 1 条显著，占比 25%。图 11-3 中，10 条路径有 6 条显著，占比 60%，60% 远大于 25%，说明带中介变量的中介效用模型更优，也更能揭示社会现象。更重要的是，在理论意义上，中介变量对结果变量影响显著，前置变量通过中介变量都可以对结果变量产生显著的影响。这说明主观态度、客观态度以及感知技术属性、感知情感属性，可以通过文化杂食与节日身份，对消费者冬至吃饺子行为意愿产生显著影响。

　　（三）文化差异的调节效用分析

　　我们还进一步研究了文化差异（Cultural Differences，CD）在态度和社交商务对消费者冬至吃饺子行为意愿影响中的调节效用以及文化差异对文化杂

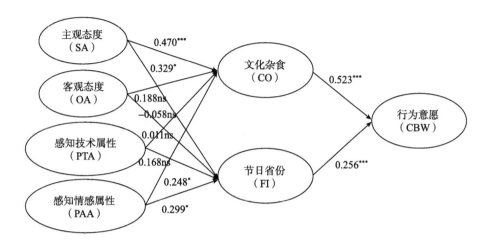

注：* 表示 p<0.05，*** 表示 p<0.001，ns 表示不显著，β 为标准化系数。卡方与自由度比值 CMIN/DF=2.016，残差均方和平方根 RMR=0.100，拟合优度指数 GFI=0.891，调整后的拟合优度指数 AGFI=0.863，简约适配指数 PGFI=0.710，规范拟合指数 NFI=0.895，相对适配指数 RFI=0.878，增值适配指数 IFI=0.944，非规范适配指数 TLI=0.935，比较拟合指数 CFI=0.944，近似均方根误差 RMSEA=0.055，简约调整后规准适配指数 PNFI=0.773。

图 11-3　文化杂食、节日身份的中介效用模型

食和节日身份两个中介变量的调节效用。目的是验证在文化差异的调节下，中介效用是否还存在。我们构造了带调节的中介效用模型（见图 11-4）。根据被调查对象所属民族，将被调查者分为汉族、少数民族两个具有文化差异的群体，进行多群组分析。在这里检验分为两部分：一是检验文化差异在主观态度、客观态度，社交商务的感知技术属性、感知情感属性对消费者冬至吃饺子行为意愿直接影响中的调节效用；二是加入中介变量（文化杂食和节日身份），检验这两个变量的中介效用是否受到文化差异的调节。

1. 文化差异在态度、社交商务对消费者冬至吃饺子行为意愿直接影响中的调节效用

为验证文化差异在主观态度、客观态度，感知技术属性、感知情感属性对消费者冬至吃饺子行为意愿直接影响中的调节效用，我们构建了汉族和少数民族两个直接效用模型，并采用 AMOS 中的多群组分析法分析汉族群组与

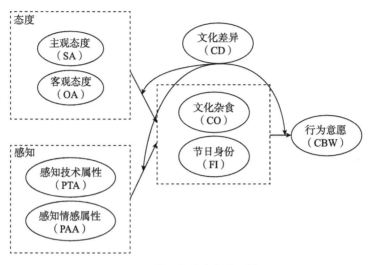

图 11-4　带调节的中介效用模型

少数民族群组模型的差异。首先，检验汉族群组与少数民族群组在结构方程模型上的不同。在汉族群组内，如图 11-5 所示，社交商务的感知技术属性对消费者冬至吃饺子行为意愿的直接影响显著，而主观态度、客观态度、社交商务的感知情感属性对消费者冬至吃饺子行为意愿的直接影响不显著。在少数民族群组内，主观态度、客观态度、社交商务的感知技术属性、感知情感属性对消费者冬至吃饺子行为意愿的直接影响都不显著。汉族和少数民族群组在直接影响的结构方程模型上存在不同。接下来要检验这些不同是否存在显著差异。

　　比较上述三个指标，其中测量系数模型的 P 值、结构系数模型的 P 值、结构协方差模型的 P 值均不显著。因此，在直接影响模型上，汉族群组与少数民族群组虽然结构方程模型的路径系数存在不同，但是模型并无差异。从表 11-4 中，我们可以得出结论，前置变量对结果变量的直接影响，汉族与少数民族群组并不存在差异。这说明，用主观态度、客观态度和感知技术属性、感知情感属性对消费者冬至吃饺子行为意愿产生直接影响，这样的直接影响模型并不能解释为什么会出现广西的少数民族消费者在冬至时吃饺子这种有趣的现象。

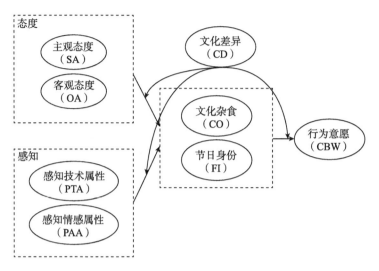

注：* 表示 p<0.05，ns 表示不显著，β 为标准化系数。卡方与自由度比值 CMIN/DF＝1.845，规范拟合指数 NFI＝0.882，比较拟合指数 CFI＝0.883，近似均方根误差 RMSEA＝0.050。

图 11-5　汉族与少数民族群组的直接影响模型

表 11-4　直接效用的模型组间差异

模型	P 值
测量系数模型	0.745ns
结构系数模型	0.701ns
结构协方差模型	0.316ns

注：ns 表示不显著。

2. 文化差异调节文化杂食、节日身份的中介效用分析

本研究下一步验证文化差异对文化杂食、节日身份这两个中介变量的调节效用。我们构建出汉族群组和少数民族群组两个中介效用模型，并采用 AMOS 的多群组分析法进行群组内中介效用检验。首先，检验汉族群组与少数民族群组在结构方程模型上的不同。在汉族群组中，如图 11-6（a）所示，社交商务的感知情感属性对文化杂食的影响均显著，而主观态度、客观态度、社交商务的感知技术属性对文化杂食的影响均不显著，文化杂食对消费者冬至吃饺子行为意愿的影响显著。主观态度、客观态度、社交商务的感知技术属性和感知情感属性对节日身份的影响不显著，但节日身份对消费者冬至吃

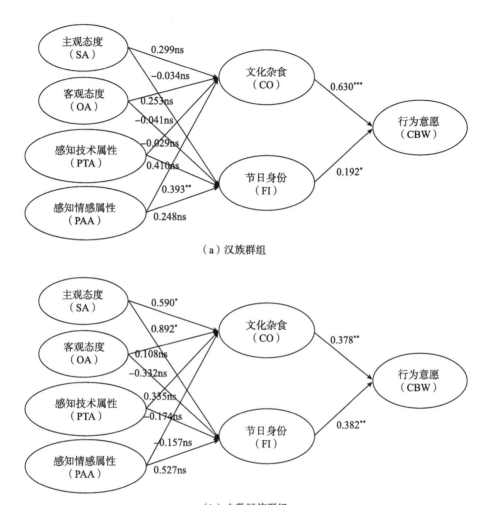

（a）汉族群组

（b）少数民族群组

备注：* 表示 p<0.05，** 表示 p<0.01，*** 表示 p<0.001，ns 表示不显著，β 为标准化系数。卡方与自由度比值 CMIN/DF=1.806，（规范拟合指数）NFI=0.838，比较拟合指数 CFI=0.828，近似均方根误差 RMSEA=0.049。

图 11-6　汉族和少数民族群组的中介效用模型

饺子的行为意愿的影响显著。在少数民族群组中，如图 11-6（b）所示，主观态度对文化杂食影响显著，客观态度、社交商务的感知技术属性、感知情感属性对文化杂食的影响均不显著，文化杂食对消费者冬至吃饺子行为意愿的影响显著。主观态度、社交商务的感知情感属性对节日身份的影响显著。

客观态度、社交商务的感知技术属性对节日身份的影响不显著，而节日身份对消费者冬至吃饺子行为意愿的影响显著。在汉族和少数民族群组中，结构方程模型间存在着显著区别。下一步是验证这些不同是否存在显著差异。

我们将两个中介效用模型进行对比，验证是否存在显著差异。由表 11-5 可知，测量模型系数不显著，结构模型系数和结构协方差模型系数显著。因此，在中介效用模型上，汉族群组与少数民族群组在结构方程模型的路径系数存在不同，而且模型差异显著。由此可以得出结论，加入中介变量构建了带调节的中介效用模型后，汉族群组和少数民族群组出现了显著的差异。我们可以根据这样的差异来解释为什么在中国广西地区少数民族消费者会在冬至里喜欢吃饺子。

表 11-5　中介效用的模型组间差异

模型	P 值
测量系数模型	0.178ns
结构系数模型	0.001**
结构协方差模型	0.002**

注：** 表示 p<0.01，ns 表示不显著。

差异的具体情况如表 11-6 所示。主观态度对文化杂食的影响差异显著（0.590* >0.299ns）。客观态度对文化杂食的影响差异不显著（路径系数 0.253ns 与 0.108ns 都不显著）。感知技术属性对文化杂食的影响差异不显著（路径系数 -0.029ns 与 2.355ns 都不显著）。感知情感属性对文化杂食的影响差异显著（0.393** >-0.157ns）。主观态度对节日身份的影响差异显著（0.892* >-0.034ns）。客观态度对节日身份的影响差异不显著（路径系数 -0.041ns 与 -0.332ns 都不显著）。感知技术属性对节日身份的影响差异不显著（路径系数 0.410ns 与 -0.174ns 都不显著）。感知情感属性对节日身份的影响差异显著（0.527* >0.248ns）。文化杂食对消费者冬至吃饺子行为意愿影响差异显著（0.630** >0.378**）。节日身份对消费者冬至吃饺子行为意愿影响差异显著（0.382** >0.192*）。

根据表 11-6 的研究结果,在汉族群组里,社交商务的感知情感属性对文化杂食影响显著($\beta = 0.393^{**}$),文化杂食($\beta = 0.630^{***}$)和节日身份($\beta = 0.192^{*}$)对消费者冬至吃饺子行为意愿的影响显著。其余路径不显著。这说明汉族消费者在社交商务中分享吃饺子获得了乐趣($\beta = 0.393^{**}$),他们并不因为节日身份而特地吃饺子。虽然他们身处少数民族地区,也包容多元文化,但是吃饺子已经是他们的生活习惯了($0.630^{***} > 0.192^{*}$)。在少数民族群组里,主观态度对文化杂食与节日身份影响显著(β 分别为 0.590^{*} 和 0.892^{*}),说明少数民族消费者从内心态度上认可在冬至吃饺子与吃粽子、糍粑等食品具有同样的节庆意味。社交商务的感知情感属性($\beta = 0.527^{*}$)对节日身份影响显著,说明少数民族消费者在社交商务中,在冬至期间分享吃饺子是一件快乐的事情。而且更重要的是,在少数民族群组,文化杂食与节日身份对吃饺子的行为意愿影响差距不大(β 分别为 0.378^{**} 和 0.382^{**})。这说明无论平时的文化杂食还是节日期间特殊的身份,都能够对少数民族消费者吃饺子产生大小平均的影响力。相对于汉族消费者,在冬至期间,少数民族消费者受到节日身份的影响更大一些($0.382^{**} > 0.192^{*}$),这说明在冬至期间,饺子消费的增量是少数民族消费者制造的。从上述分析,我们可以清晰地判断,少数民族消费者已经接受了冬至吃饺子的习俗,并且愿意在社交网络上分享。

表 11-6　文化杂食、节日身份中介效用的组间差异

路径	汉族群组	少数民族群组	差异
主观态度(SA)→文化杂食(CO)	0.299ns	0.590^{*}	差异显著
客观态度(OA)→文化杂食(CO)	0.253ns	0.108ns	差异不显著
感知技术属性(PTA)→文化杂食(CO)	−0.029ns	0.335ns	差异不显著
感知情感属性(PAA)→文化杂食(CO)	0.393^{**}	−0.157ns	差异显著
主观态度(SA)→节日身份(FI)	−0.034ns	0.892^{*}	差异显著
客观态度(OA)→节日身份(FI)	−0.041ns	−0.332ns	差异不显著
感知技术属性(PTA)→节日身份(FI)	0.410ns	−0.174ns	差异不显著
感知情感属性(PAA)→节日身份(FI)	0.248ns	0.527^{*}	差异显著

路径	汉族群组	少数民族群组	差异
文化杂食（CO）→行为意愿（CBW）	0.630**	0.378**	差异显著
节日身份（FI）→行为意愿（CBW）	0.192*	0.382**	差异显著

注：* 表示 $p<0.05$，** 表示 $p<0.01$，ns 表示不显著，β 为标准化系数。

第五节　实证结果讨论

一、结论与理论贡献

本研究着重探究在社交商务和态度对少数民族消费者冬至节日吃饺子的行为意愿的影响，以及节日身份和文化杂食是否会起到中介效用、文化差异是否会对过程起到调节作用。研究表明感知技术属性对少数民族消费者冬至吃饺子的行为意愿产生了直接影响；而节日身份和文化杂食具有部分的中介效应；同时文化差异调节了文化杂食与节日身份的中介效用。具体来说，我们的研究在以下三个方面取得了成果，并做出了理论贡献。

对态度和社交商务的分类研究是本研究第一个研究结果和理论贡献。本研究通过选定态度的两个维度（主观态度与客观态度）和社交商务的两个维度（感知情感属性和感知技术属性），深入探索了消费者在冬至当天吃饺子的行为动机究竟是由于消费者态度影响还是由于社交商务平台的影响，抑或二者兼而有之。本研究能够将消费者在社交商务环境下冬至吃饺子的行为动机，清晰、有效地分成主观态度和客观态度、感知情感属性和感知技术属性——主观、客观、情感、技术四种不同类型，分析它们是单方面影响消费者还是组合起来共同发挥影响作用。这种分类方式和前人不同，之前的学者将态度划分为三个维度，即社会评价、社交身份认知和自我价值观表述；将社交商务的感知分为三种，即感知有用性、感知易用性和感知有趣性。这是将态度功能理论与技术接受模型结合起来使用，是对这两种理论模型的进一步完善，与此同时，本研究发现感知技术属性对消费者冬至吃饺子的行为意愿有着直接显著的影响作用。这解释了社交网络技术的迅猛发展，使得消费者使用社交商务平台更加方便快捷。通过社交商务，消费者可以获得有关冬至节日的更多信息，获得朋友圈对冬至活动的追捧。消费者可以通过社交商务方便实惠地购买到饺子，还可以在社交商务上学习和分享包饺子的视频。我们的研究成果充分说明了，社交商务平台的技术发展对促进消费具有非常重要的作用。

第二个研究成果与理论贡献体现在文化杂食和节日身份这两个中介变量的研究上。我们通过文化杂食和节日身份，希望分析出消费者冬至吃饺子是由于消费者平时就是一个文化杂食者而吃饺子，还是因为在冬至的特殊节日才吃饺子的。文化杂食代表的是普通时期，也就是平时，而节日身份代表的是特定的时间。研究发现，文化杂食与节日身份既可以单独发挥中介效用，也可以共同发挥中介效用。对于文化杂食和节日身份中介效用的重要发现，揭示了消费者有两种动机可以将消费者市场进一步细分。一类消费者的性格是爱好多元文化，所以他们平时和冬至都会吃饺子。另一类消费者只是在冬至这样的特殊时间才吃饺子。我们发现的文化杂食和节日身份的中介效用，对节日食物消费动机研究的完善、是对节日旅游市场营销学理论的丰富。

第三个研究成果和理论贡献体现在文化差异的调节效用研究上。我们还将消费者样本分成两个群组，一类是汉族群组，另一类是少数民族群组。分析文化差异的影响即不同民族的消费者会有什么不同。我们试图在上述两个研究成果的基础上，找到中国广西少数民族消费者冬至吃饺子的原因。研究结果表明，少数民族消费者从内心认可了冬至吃饺子与冬至吃糍粑、粽子等少数民族食品具有同样的节庆意味。这说明，中国广西的少数民族消费者的食物消费行为发生了变化，他们开始在冬至吃饺子并愿意在社交媒体上分享；中国广西的少数民族与汉族在食物消费上具有融合的趋势。我们还发现，节日身份对消费者冬至吃饺子的影响，少数民族群组要大于汉族群组。这说明了冬至期间饺子的消费增量，是少数民族消费者制造的。我们的研究成果，较好的解释了社交商务环境里中国广西少数民族消费者冬至吃饺子的有趣现象，揭示了中国广西少数民族消费者食物消费行为的变化。这不仅是本研究最为重要的发现也揭示了消费融合的现象。当前，新闻报道或消费研究对消费升级或消费降级等的讨论很多，然而对于消费融合关注的非常少。我们的研究成果，从少数民族区域市场中食物消费行为的变化发现了消费融合的趋势，是对消费者行为理论、跨文化营销理论、节日消费理论的丰富与完善。

二、实践意义

研究结果的第一个实践意义在于提醒社交商务平台的管理者不要患上管理学上的营销近视症。我们在研究中发现，只有社交商务的感知技术属性对消费者冬至吃饺子行为意愿有显著的直接影响，而主观态度、客观态度和感知情感属性对消费者冬至吃饺子行为意愿没有显著直接影响。社交商务平台运营商可能会认为，社交商务平台自身的技术越好则越能促进消费者购买。但是，恰恰忽视了外部消费者的态度与情感。消费者会因为社交商务平台的方便实用而使用社交商务购物，但是这样培养不了忠诚的消费者。社交商务平台运营商不但要重视社交商务的技术发展，还要重视消费者的心理与行为。例如，社交商务运营商要树立品牌意识，树立企业愿景，使社交商务平台的价值观与消费者的价值观相符合，进而获得消费者的主观认可。社交商务运营商还要构建客户关系管理策略，培育朋友圈。对于社交商务平台推出的新产品实施促销，引导朋友圈分享与评价。这样通过影响消费者的客观态度来培育忠诚消费者，既实施客户关系管理策略，还可以在社交商务平台上设计购物游戏等促销手段，让消费者在社交商务平台上享受到购物乐趣。

研究结果的第二个实践意义在于为跨国公司进入类似中国广西这样的多民族区域市场提供了市场细分策略。市场细分的变量众多，例如地域细分、心理细分等。我们提出了新的细分变量——文化杂食与节日身份。跨国公司可以使用文化杂食和节日身份区分不同的消费者。文化杂食型消费者具有文化包容性，对于不同国家不同文化的产品会乐于接受。节日身份型消费者只会在节日的特殊时间购买特定的产品。跨国公司可以制定不同的营销策略以针对不同的消费群体。一方面，对于一部分文化杂食型消费者，大型跨国公司企业与社交商务的管理者可通过社交商务平台宣传包容多元文化的价值观，提倡文化杂食者的文化消费模式，在社交商务中提供多种文化类型不同的音乐、电影、舞蹈，让消费者更加直观便捷地观看和浏览，还要注重培养杂食文化的消费习惯，建立多个相似群体的社交圈子，帮助消费者快速找到与自己相似文化的群体。另一方面，对于节日身份型的消费者。为了刺激其向往积极的身份变化，节日组织可通过物理性和象征性的暗示，来传达节日特殊的价值、传统和历史，并提供其他参与者的信息，使用身份定义来展示个人群体，让个人认为自己是某种节日群体的一分子，有助于完成促销。

研究结果的第三个实践意义在于揭示了在社交商务平台中，正在发生的消费融合这一重要的市场现象。我们的研究成果发现，中国广西少数民族消费者从主观态度已经认可冬至吃饺子与冬至吃糍粑、粽子等少数民族食品具有相同的节庆意味。无论是平时还是冬至节，中国广西少数民族消费者都会选择吃饺子。这充分说明，中国广西少数民族消费者与汉族消费者在食物消费行为上出现了融合的趋势。这意味着原先我们以为是区域性的产品（如饺子），是可以进入边疆民族地区市场的。而边疆民族地区的产品（如广西的芒果），是可以走向全国市场的。对于企业来说，边疆民族区域市场是一片蓝海、一片待开发的下沉市场。在东部发达地区竞争已经很激烈了，但是，可以通过社交商务平台，实现商品全国跨区域销售，将产品打入边疆区域市场抢占先机。对于国家来说，应重视消费融合的趋势。国家应借助社交商务平台，打破区域市场壁垒，促进区域市场互联互通，实现物畅其流。这更可以通过消费融合实现民族融合，促进边疆民族地区的经济与社会发展。

三、研究局限和未来方向

首先，本研究所用的数据为面板数据，没有将时间的动态变化考虑进来，推测在假日期间对某种产品有短期购买偏好和消费行为的购物者，可能会转化为文化杂食型消费者。但是目前与此相关的研究比较缺乏。未来可以不断搜集动态数据，观察和验证消费者行为的动态变化。其次，跨文化问题的研究可能会面临一些批评，这是因为随着时间的推移，特定的文化同样也在变化，会受到来自社会、政治、经济等方面的影响，从而影响消费者行为。虽然如此，本研究结果仍有一定的价值，可以作为在未来进行深入研究的基础，用来讨论文化差异的稳健性与相关性。

参考文献

［1］陈继勇. 中美贸易战的背景、原因、本质及中国对策［J］. 武汉大学学报（哲学社会科学版），2018，71（05）：72-81.

［2］劳可夫，王露露. 中国传统文化价值观对环保行为的影响——基于消费者绿色产品购买行为［J］. 上海财经大学学报（哲学社会科学版），2015，17（02）：64-75.

［3］王奕祯. 中国传统戏剧闹热性研究［D］. 上海师范大学，2012.

［4］司智陟. 基于营养目标的我国肉类供需分析［D］. 中国农业科学院，2012.

［5］刘芬芬. "三月三" 节日文化研究［D］. 上海师范大学，2011.

［6］田敏，陈文元. 论民族关键符号与铸牢中华民族共同体意识：以南宁市三月三民歌节为例［J］. 云南民族大学学报（哲学社会科学版），2019，36（01）：24-30.

［7］石晓晶. 大学生网络购物特征及影响因素研究［D］. 西南财经大学，2010.

［8］蒋慧. 广西少数民族文化知识产权保护机制的完善［J］. 社会科学家，2014（12）：105-109.

［9］孔庆民，梁修庆，柯杨. 社交商务对消费者行为意向的影响机理分析［J］. 商业经济研究，2016（16）：57-60.

［10］张利群. "壮族三月三" 歌节传统及其节庆文化品牌构建［J］. 广西师范学院学报（哲学社会科学版），2017，38（03）：106-111.

［11］向延斌. 广西忻城壮锦文化旅游开发［J］. 怀化学院学报，2010，

29（07）：16-18.

[12] 黄玲. 城市化进程中民族文化的传承与发展：以广西壮族民歌为例 [J]. 黑龙江民族丛刊，2016（03）：132-136.

[13] 李育珍. 广西壮锦的传承与发展研究 [D]. 中央民族大学，2016.

[14] 汤迪亚. 壮锦艺术与现代服饰设计艺术的融合 [J]. 创新，2014，8（06）：121-124+128.

[15] 王易萍，莫婉玉. 广西壮锦及其文化价值与功能变迁研究：以忻城壮锦为例 [J]. 玉林师范学院学报，2015，36（03）：26-30.

[16] 陈学璞. 壮族歌圩·三月三歌节·文化壮都 [J]. 广西教育学院学报，2017（01）：1-7.

[17] 孔庆民，梁修庆，张正. 社交商务对消费者行为意向影响机理研究：城乡差异的调节效用 [J]. 消费经济，2016，32（03）：62-69.

[18] 黄薇，滕兰花. 论地理环境对广西饮食文化的影响 [J]. 广西民族师范学院学报，2011，28（06）：24-26.

[19] 陈丙先，林江琪. 中国—东盟自由贸易区背景下广西海洋经济发展研究 [J]. 广西社会科学，2014（12）：74-78.

[20] 赵鲲鹏. 亚文化影响下的少数民族消费行为研究：以西南少数民族为例 [J]. 贵州民族研究，2016，37（10）：80-84.

[21] 陈璐. 广西居民日常食品消费影响因素实证研究 [D]. 西南大学，2013.

[22] 王硕，钱建平，裴晓宇，等. 广西水资源的时空分布及利用现状和保护建议 [J]. 广西水利水电，2019（01）：39-44.

[23] 霍园园. 特朗普政府贸易保护主义政策对中美贸易的影响 [D]. 吉林大学，2019.

[24] 孔庆民，梁修庆，张正，等. 社交商务中的可持续消费分析 [J]. 商业经济研究，2018（01）：33-38.

[25] 赵明. 基于社会网络的食品品牌营销探讨 [J]. 现代物业（中旬刊），2014，13（11）：8-10.

［26］柯杨. 社交商务对消费者行为意向影响的研究［D］. 广西大学, 2016.

［27］薛雪. 高禖崇拜与唐前婚恋情爱诗研究［D］. 青岛大学, 2014.

［28］庄文学, 黄昭彦. "一带一路"背景下广西壮锦文化的传承与发展［J］. 桂林师范高等专科学校学报, 2020, 34（03）: 64-67.

［29］梁继超. 浅谈文化和旅游融合背景下广西博物馆旅游的转型升级之路［J］. 市场论坛, 2019（09）: 1-6+29.

［30］兰晓峰. 广西少数民族优秀传统文化知识产权保护与对策分析［J］. 法制与社会, 2014（33）: 185-186.

［31］任旭彬."壮族三月三"走出国门讲述广西故事的探讨［J］. 沿海企业与科技, 2017（03）: 60-62.

［32］李硕, 吴勇江. 加快出口基地建设: 促进广西外贸稳定持续健康发展［J］. 广西经济, 2013（11）: 19-22.

［33］周燕. 存留与变异: 民族文化变迁大潮中的民族档案样态［J］. 兰台世界, 2011（04）: 2-3.

［34］谢廷宇, 刘德学. 全球生产网络下欠发达地区产业集群升级研究: 以广西荔浦衣架产业集群为例［J］. 商场现代化, 2011（08）: 100-102.

［35］荔浦县二轻工业联社. 打造特色品牌 开拓创新 促进荔浦衣架产业发展［J］. 中国集体经济, 2011（14）: 19-21.

［36］赵瑞峰, 刘华明, 沈鸿. 县域产业集群与企业人力资本积累的提升: 以桂林市荔浦县产业集群为例［J］. 改革与战略, 2011, 27（11）: 143-145+148.

［37］罗妹梅. 壮锦与民宿融合发展研究［J］. 武汉商学院学报, 2020, 34（06）: 64-69.

［38］薛承鑫, 高华峰. 怀旧营销: 民族地区乡村旅游营销策略创新［J］. 中南民族大学学报（人文社会科学版）, 2020, 40（06）: 143-148.

［39］汪瑾, 吴晨漪."一带一路"对广西开放型经济发展的影响研究［J］. 调研世界, 2019（11）: 48-53.

［40］葛芷萱，王晓慧. 壮锦艺术的传承与发展研究［J］. 美与时代（上），2017（12）：46-48.

［41］钟佳，陈诺，伍惠麟，等. 广西壮族自治区少数民族文化知识产权保护研究：以三江侗族自治县侗族文化为例［J］. 法制与经济，2018（01）：32-33+56.

［42］孔庆民，梁修庆，张正. 社交商务中的政治消费研究：动机与行为形态［J］. 山东财经大学学报，2018，30（01）：52-65.

［43］周合强. "一带一路" 倡议下影视型景区对提升广西城市形象传播研究［J］. 传播与版权，2017（01）：174-175+182.

［44］邢璐欣. 浅析广西壮锦图案的审美特色及文化内涵［J］. 明日风尚，2017（15）：346.

［45］黄尚茂. 壮族服饰文化研究的新视野：《壮族服饰文化研究》评介［J］. 南宁职业技术学院学报，2011，16（01）：20-22.

［46］冯秋瑜. 壮族饮食文化特点［J］. 中国民族医药杂志，2009，15（11）：77-79.

［47］廖文龙，宋泽楠. 30 年 FDI 对广西经济发展的启示［J］. 经济导刊，2009（Z1）：95-96.

［48］赵金元，饶清翠，凡丽. 白族文化的包容性及其现实意义［J］. 中国发展，2009，9（03）：80-85.

［49］陈玺伊. 宾阳壮族织锦传统工艺的传承与文化嬗变［D］. 广西民族大学，2008.

［50］赵海霞. 从认同的社会学角度分析美容整形消费［J］. 经济师，2007（03）：62-63.

［51］邱仁富，黄骏. 少数民族农村多元文化的交流与互动［J］. 理论探索，2007（01）：107-109.

［52］彭静. 阳朔高田镇的语言传承、文化交融与人文重建［A］. 中国民族学学会、国际人类学与民族学联合会第十六届（2008）世界大会筹委会、中山大学. 文化多样性与当代世界［C］. 中国民族学学会，2006：13.

[53] 刘莉玲，陈晓玲. 浅谈民歌艺术节与南宁市开放氛围的营造 [J]. 当代广西，2006（14）：46-48.

[54] 王谊鹃. 中国肉类产业发展及其市场策略研究 [D]. 华中农业大学，2006.

[55] 韦耀莹，钟燕，莫理宁. "中国—东盟自由贸易区" 下的广西经济发展对策 [J]. 广西财政高等专科学校学报，2005（04）：49-52.

[56] 黄国华. 中国民歌国际化的成功之路：兼谈南宁国际民歌艺术节与中国—东盟博览会的交融 [J]. 广西师范大学学报（哲学社会科学版），2005（02）：80-85.

[57] 李崇蓉. 对广西滨海旅游开发的思考 [J]. 南方国土资源，2004（09）：13-14+17.

[58] 王家国. 价值观如何影响消费者对绿色产品偏好的研究 [D]. 武汉大学，2004.

[59] 韦文孟. 论中国：东盟自由贸易区的建立对广西城市化发展进程的推动作用 [J]. 大众科技，2004（02）：69-70.

[60] 乔玉峰，崔洪茹. 重新认识广西畜牧业的战略地位 [J]. 中国牧业通讯，1994（06）：30.

[61] 周陈媛. 提升荔浦衣架产业集聚化发展的措施策略 [J]. 中国农业文摘-农业工程，2018，30（02）：43-44+54.

[62] 黄飞跃. "一带一路" 契机下广西壮锦文化的传承与发展 [J]. 梧州学院学报，2018，28（02）：56-62.

[63] 赵琳琳. 中国品牌影响力逐年提升 国际化道路需先 "补短板" [J]. 中国品牌，2017（06）：84-85.

[64] 孔庆民，梁修庆，张正，等. 社交商务中政治消费的动机及其影响机理研究：态度功能理论的视角 [J]. 兰州财经大学学报，2017，33（04）：79-92.

[65] 赵琳琳. 中国品牌影响力逐年提升 国际化道路需先 "补短板" [N]. 中国产经新闻，2017-05-17（002）.

［66］赵仰玉. 基于文化融合背景下广西壮锦产业创新发展策略研究［J］. 商业故事，2016（06）：38-39.

［67］黄丹，杨赞. 海上丝绸之路上共享民歌盛会［J］. 当代广西，2014（19）：18-19.

［68］陈晓毅. 广西国内贸易发展对经济增长影响研究［J］. 江苏商论，2011（02）：19-20.

［69］范恒君. 南宁民族饮食文化开发与保护刍议［J］. 大众科技，2011（05）：196-197+199.

［70］廖艳云，刘资灵，易春林. 托举"世界之最"强势挺进——桂林市为做强林业产业恢弘谋划［J］. 广西林业，2011（07）：14-16.

［71］孔庆民，梁修庆，张正，等. 社交商务中政治消费的动机及其影响机理研究：政治导向的调节效用［J］. 南京财经大学学报，2017（06）：59-69.

［72］陈星辰，程建平. 社会性别视角下当代青年女性消费行为探析［J］. 绥化学院学报，2020，40（12）：19-22.

［73］曾昕. 童趣青春："初老族"怀旧消费与老国货年轻态营销［J］. 国际品牌观察，2020（27）：75-77.

［74］史本叶，王晓娟. 中美贸易摩擦的传导机制和扩散效应：基于全球价值链关联效应的研究［J］. 世界经济研究，2021（03）：14-29+134.

［75］姚启卫. 中国共产党100年民生建设理论与基本经验［J］. 沈阳干部学刊，2021，23（01）：7-11.

［76］唐启奎，屈赵嫚. 乡村振兴背景下非遗产业化路径研究：以广西宾阳壮锦手工艺为例［J］. 轻纺工业与技术，2021，50（03）：75-76+79.

［77］刘晓慧，樊荣. 广西面向东盟国家交流传播的流动景观：基于阿帕杜莱全球化理论的共时性考察［J］. 对外传播，2021（03）：64-67.

［78］项李，王强. 基于怀旧情感的越剧文创产品设计研究［J］. 包装工程，2021，42（06）：314-320.

［79］宋钻友. 新美容观与摩登时代上海女性的美容时尚及化妆品消费

［J］．河北师范大学学报（哲学社会科学版），2020，43（01）：36-45.

［80］朱思瑾．基于"老上海怀旧文化"的和平饭店营销策略研究［J］．现代营销（信息版），2020（03）：242-244.

［81］孔庆民，李珍刚．东南亚国家社交商务与非本土节日消费行为分析：以中国春节为例［J］．中国流通经济，2020，34（04）：41-55.

［82］杨媚．"一带一路"倡议下广西"三月三"民歌文化的电视传播实践与研究［J］．电视指南，2020（09）：62-63.

［83］刘晓慧，樊荣．广西面向东盟国家的交流传播史：基于全球化流动景观的历时性分析［J］．文化与传播，2020，9（01）：92-97.

［84］李美莲，黄凯．新冠疫情下广西消费经济的"危"与"机"［J］．市场论坛，2020（03）：14-17.

［85］蔡高旭，王炳宏，周陈媛，等．利用桉树木材生产木衣架的技术工艺［J］．南方农业，2020，14（12）：192-194.

［86］欧宇，侯玲，贺朝兵．华为手机网络消费者市场和购买行为分析［J］．广西质量监督导报，2020（07）：234-235.

［87］肖秋迪，王永超．广西饮食文化旅游资源开发探析［J］．中小企业管理与科技（中旬刊），2020（07）：28-29.

［88］李月连，韦严．广西城市建设用地时空差异分析［J］．南宁师范大学学报（自然科学版），2020，37（03）：108-113.

［89］金强，回笑哲．社交媒体中民族美食的日常呈现与发展趋势：基于抖音、火山小视频和快手平台的观察［J］．北方民族大学学报，2020（06）：92-99.

［90］伍坚．壮族元素在潮牌服饰图案设计中的运用［J］．艺术大观，2021（04）：77-80.

［91］李河山，安启．文旅融合视域下广西少数民族饮食文化保护与发展研究［J］．旅游纵览，2021（03）：17-19.

［92］汪美红．收入增长对农村居民肉类消费的影响［D］．中国农业科学院，2020.

［93］滕昕. 多元一体视域下少数民族饮食的适应与开发：以成都阿热藏餐为例［J］. 四川民族学院学报，2019，28（02）：28-32.

［94］陈存杰，庾萍. 依托桂林竹制衣架资源优势的创新设计研究［J］. 艺术科技，2019，32（07）：73.

［95］王云悠. 2018 年中美贸易战官方话语的批评认知分析［D］. 西南大学，2019.

［96］Håkan Källmén, Anne H. Berman, Tobias H. Elgán, etel. Alcohol habits in Sweden during 1997—2018：a repeated cross-sectional study［J］. Nordic Journal of Psychiatry，2019，73（08）：552-526.

［97］Susanna Molander, Ingeborg Astrid Kleppe, Jacob Ostberg. Hero shots：involved fathers conquering new discursive territory in consumer culture［J］. Consumption Markets & Culture，2019，22（04）：430-453.

［98］Taylor Alexandra Currie. Du Pont Turns 150：Corporate Culture as Public Culture［J］. Enterprise & Society，2019，20（02）：445-474.

［99］Hernani-Merino Martín, Mazzon José Afonso, Isabella Giuliana. A model of susceptibility to global consumer culture［J］. Revista Brasileira de Gestão de Negócios，2015，17（57）：1212-1227.

［100］Giselinde Kuipers, Thomas Franssen, Sylvia Holla. Clouded judgments? Aesthetics, morality and everyday life in early 21st century culture［J］. European Journal of Cultural Studies，2019，22（04）：383-398.

［101］David M Evans. What is consumption, where has it been going, and does it still matter?［J］. The Sociological Review，2019，67（03）：499-517.

［102］Belinda Wheaton, Holly Thorpe. Action Sport Media Consumption Trends Across Generations：Exploring the Olympic Audience and the Impact of Action Sports Inclusion［J］. Communication & Sport，2019，7（04）：415-445.

［103］Stephen R. O'Sullivan, Avi Shankar. Rethinking marketplace culture：Play and the context of context［J］. Marketing Theory，2019，19（04）：509-531.

［104］RussellBelk, Rana Sobh. No assemblage required: On pursuing original consumer culture theory ［J］. Marketing Theory, 2019, 19 (04): 489-507.

［105］Per Carlson. Declining alcohol consumption among adolescents and schools in Stockholm, 2010-2016 ［J］. Nordic Studies on Alcohol and Drugs, 2019, 36 (04): 344-356.

［106］John M. Roberts, Colin Cremin. Prosumer culture and the question of fetishism ［J］. Journal of Consumer Culture, 2019, 19 (02): 213-230.

［107］MariaDavidenko. Searching for lost femininity: Russian middle-aged women's participation in the post-Soviet consumer culture ［J］. Journal of Consumer Culture, 2019, 19 (02): 169-188.

［108］Paolo Totaro, Thais Alves Marinho. The duality of social self-categorization in consumption ［J］. Journal of Consumer Culture, 2019, 19 (02): 189-212.

［109］AnastasiaStathopoulou, George Balabanis. The effect of cultural value orientation on consumers' perceptions of luxury value and proclivity for luxury consumption ［J］. Journal of Business Research, 2019, 102: 298-312.

［110］Sergio W. Carvalho, David Luna, Emily Goldsmith. The role of national identity in consumption: An integrative framework ［J］. Journal of Business Research, 2019, 103: 310-318.

［111］Suin Lee, Christos Pantzalis, Jung Chul Park. Does local culture trigger speculative investment behavior? ［J］. Journal of Business Research, 2019, 103: 71-88.

［112］Xinyue Zhou, Wijnand A. P. van Tilburg, Dongmei Mei, Tim Wildschut, Constantine Sedikides. Hungering for the past: Nostalgic food labels increase purchase intentions and actual consumption ［J］. Appetite, 2019, 140: 151-158.

［113］AnnaBirgitte Milford, Chantal Le Mouël, Benjamin Leon Bodirsky, Susanne Rolinski. Drivers of meat consumption ［J］. Appetite, 2019, 141.

［114］Mark Cleveland, FabianBartsch. Global consumer culture: epistemology and ontology ［J］. International Marketing Review, 2019, 36 （04）: 556-580.

［115］Bidit Lal Dey, Sharifah Alwi, Fred Yamoah, etel. Towards a framework for understanding ethnic consumers' acculturation strategies in a multicultural environment ［J］. International Marketing Review, 2019, 36 （05）: 771-804.

［116］Barbara Stöttinger, Elfriede Penz. Balancing territorial identities ［J］. International Marketing Review, 2019, 36 （05）: 805-827.

［117］Emeline Bezin. The economics of green consumption, cultural transmission and sustainable technological change ［J］. Journal of Economic Theory, 2019, 181: 497-546.

［118］Yuning Wu, Feng Li, Ruth A. Triplett, etel. Sun. Media Consumption and Fear of Crime in a Large Chinese City ［J］. Social Science Quarterly, 2019, 100 （06）: 2337-2350.

［119］Frank W. Geels, Andy McMeekin, Josephine Mylan, etel. A critical appraisal of Sustainable Consumption and Production research: The reformist, revolutionary and reconfiguration positions ［J］. Global Environmental Change, 2015, 34: 1-12.

［120］SonalChoudhary, Rakesh Nayak, Sushma Kumari, etel. Analysing acculturation to sustainable food consumption behaviour in the social media through the lens of information diffusion ［J］. Technological Forecasting & Social Change, 2019, 145: 481-492.

［121］MelissaArchpru Akaka, Hope Jensen Schau. Value creation in consumption journeys: recursive reflexivity and practice continuity ［J］. Journal of the Academy of Marketing Science, 2019, 47 （03）: 499-515.

［122］Lalmahomed Tariq Anwar, Walter Isabel Johanna, Lely Anne Titia, Bloemenkamp Katharina Wilhelmina Maria, Kooiman Judith, Limper Maarten. On the use of intravenous immunoglobulins for the treatment of the antiphospholipid syndrome-A systematic review and meta-analysis [J]. Autoimmunity Reviews, 2021 (prepublish).

[123] Savolainen Iina, Oksanen Atte, Kaakinen Markus, etel. The Role of Online Group Norms and Social Identity in Youth Problem Gambling [J]. Computers in Human Behavior, 2021 (prepublish).

[124] Francisco Moreno, Trey Malone. The Role of Collective Food Identity in Local Food Demand [J]. Agricultural and Resource Economics Review, 2021, 50 (01): 22-42.

[125] Nik Nabil Wan Najbah, Xi Zhichao, Song Zejia, etel. Towards a Framework for Better Understanding of Quiescent Cancer Cells [J]. Cells, 2021, 10 (03).

[126] Kakhishvili Levan. Towards a two-dimensional analytical framework for understanding Georgian foreign policy: how party competition informs foreign policy analysis [J]. Post-Soviet Affairs, 2021, 37 (02): 174-197.

[127] Yang Kai Lin, Tso Tai Yih, Chen Ching Shu, etel. Towards a conceptual framework for understanding and developing mathematical competence: A multi-dual perspective [J]. Innovations in Education and Teaching International, 2021, 58 (01): 72-83.

[128] Kow Chia Siang, Hasan Syed Shahzad. A meta-analysis on the preadmission use of DPP-4 inhibitors and risk of a fatal or severe course of illness in patients with COVID-19 [J]. Therapie, 2020, 76 (04): 361-364.

[129] Hope Jensen Schau, Melissa Archpru Akaka. From customer journeys to consumption journeys: a consumer culture approach to investigating value creation in practice-embedded consumption [J]. AMS Review, 2020 (prepublish).

[130] 김종호. A Social Contract Theory and the Legal Philosophical Foundation of Capitalism as a Critique of the Illusion of Moral Socialism [J]. Legal Theory & Practice Review, 2020, 8 (02): 199-246.

[131] Nadia Pylypiv, Iryna Piatnychuk, Oleksandr Halachenko, etel. Bal-

anced scorecard for implementing united territorial communities' social responsibility [J]. Problems and Perspectives in Management, 2020, 18 (02): 1–12.

[132] Megan Mucioki, Bernard Pelletier, etel. On developing a scale to measure chronic household seed insecurity in semi-arid Kenya and the implications for food security policy [J]. Food Security, 2018, 10 (03): 571–587.

[133] DamienChaney, Christina Goulding. Dress, transformation, and conformity in the heavy rock subculture [J]. Journal of Business Research, 2016, 69 (01): 155–165.

[134] Peter Björk, Hannele Kauppinen–Räisänen. Local food: a source for destination attraction [J]. International Journal of Contemporary Hospitality Management, 2016, 28 (01): 177–194.

[135] Nitsche Michael A, Bikson Marom, Bestmann Sven. On the Use of Meta-analysis in Neuromodulatory Non-invasive Brain Stimulation [J]. Brain stimulation, 2015, 8 (03): 666–667.

[136] Arsil, Poppy, Li, Elton, etel. Exploring consumer motivations towards buying local fresh food products [J]. British Food Journal, 2014, 116 (10): 1533–1549.

[137] Lynch Molly, Squiers Linda, Lewis Megan A, etel. Understanding Women's Preconception Health Goals: Audience Segmentation Strategies for a Preconception Health Campaign [J]. Social marketing quarterly, 2014, 20 (03): 148–164.

[138] Nina Hyytiä, Jukka Kola. Tourism Policy as a Tool for Rural Development [J]. Applied Economic Perspectives and Policy, 2013, 35 (04): 708–730.

[139] Americus Reed, Mark R. Forehand, StefanoPuntoni, etel. Identity-based consumer behavior [J]. International Journal of Research in Marketing, 2012, 29 (04): 310–321.

[140] Falk John H.. The Learning Tourist: The Role of Identity-Related Visit

Motivations [J]. Tourism in Marine Environments, 2011, 7 (3-4): 1.

[141] Jennifer L. Aaker, Satoshi Akutsu. Why do people give? The role of identity in giving [J]. Journal of Consumer Psychology, 2009, 19 (03): 267 – 270.

[142] Daphna Oyserman. Identity – based motivation: Implications for action – readiness, procedural – readiness, and consumer behavior [J]. Journal of Consumer Psychology, 2009, 19 (03): 250-260.

[143] Daphna Oyserman. Identity – based motivation and consumer behavior [J]. Journal of Consumer Psychology, 2009, 19 (03): 276-279.

[144] Rebecca Sims. Food, place and authenticity: local food and the sustainable tourism experience [J]. Journal of Sustainable Tourism, 2009, 17 (03): 321-336.

[145] Scott R. Swanson. Art for Art's Sake? An Examination of Motives for Arts Performance Attendance [J]. Nonprofit and Voluntary Sector Quarterly, 2008, 37 (02): 300-323.

[146] 정서란. A Study on the Politics of Brand Identity – Based on Consumer Research [J]. Journal of Integrated Design Research, 2008, 7 (01): 1.

[147] GillSeyfang. Avoiding Asda? Exploring consumer motivations in local organic food networks [J]. Local Environment, 2008, 13 (03): 1.

[148] Harald Furnes, Neil R. Banerjee, Hubert Staudigel, etel. Comparing petrographic signatures of bioalteration in recent to Mesoarchean pillow lavas: Tracing subsurface life in oceanic igneous rocks [J]. Precambrian Research, 2007, 158 (03): 156-176.

[149] RaymondRiordan, Jack Moyer. Mutual Aid and Assistance Among Water Utilities What is it? Where has it been? Where is it going? [J]. Journal of American Water Works Association, 2007, 99 (04): 1.

[150] Riordan, Raymond, Moyer, Jack. Security and Preparedness-Mutual Aid and Assistance Among Water Utilities: What Is It? Where Has It Been? Where

Is It Going? [J]. Journal – American Water Works Association, 2007, 99 (04): 41–44.

[151] JakšaKivela, John C. Crotts. Tourism and Gastronomy: Gastronomy's Influence on How Tourists Experience a Destination [J]. Journal of Hospitality & Tourism Research, 2006, 30 (03).

[152] B. Christine Green, Ian Jones. Serious Leisure, Social Identity and Sport Tourism [J]. Sport in Society, 2005, 8 (02): 1.

[153] C. E. Onuorah, J. A. Ayo. Food taboos and their nutritional implications on developing nations like Nigeria–a review [J]. Nutrition & Food Science, 2003, 33 (05): 1.

[154] Peterson Robert A.. On the Use of College Students in Social Science Research: Insights from a Second–Order Meta–analysis [J]. Narnia, 2001, 28 (03): 450–461.

[155] Robert A. Levine. European Monetary Union: Where Has It Been? Where Is It Going? What Is It Doing to Europe? [J]. World Policy Journal, 1997, 14 (04): 1.

[156] Peterson Richard A.. Understanding audience segmentation: From elite and mass to omnivore andunivore [J]. North–Holland, 1992, 21 (04): 1.

[157] FedericoLiberatore, Miguel Camacho – Collados, Lara Quijano – Sánchez. Equity in the Police Districting Problem: Balancing Territorial and Racial Fairness in Patrolling Operations [J]. Journal of Quantitative Criminology, 2021 (prepublish).

[158] H. J. Swatland. Meat products and consumption culture in the West [J]. Meat Science, 2010, 86 (01): 80–85.

[159] Denize Oliveira, Hans De Steur, Sofie Lagast, etel. The impact of calorie and physical activity labelling on consumer's emo–sensory perceptions and food choices [J]. Food Research International, 2020, 133: 1.

[160] OliveiraDenize, De Steur Hans, Lagast Sofie, etel. The impact of cal-

orie and physical activity labelling on consumer's emo-sensory perceptions and food choices [J]. Food research international (Ottawa, Ont.), 2020, 133: 2.

[161] PéterCzine, Áron Török, Károly Petö, etel. The Impact of the Food Labeling and Other Factors on Consumer Preferences Using Discrete Choice Modeling—The Example of Traditional Pork Sausage [J]. Nutrients, 2020, 12 (06): 1.

[162] Christian Hughes, Vanitha Swaminathan, Gillian Brooks. Driving Brand Engagement Through Online Social Influencers: An Empirical Investigation of Sponsored Blogging Campaigns [J]. Journal of Marketing, 2019, 83 (05): 78-96.

[163] Suyan Shen. Intention to Revisit Traditional Folk Events: A Case Study of Qinhuai Lantern Festival, China [J]. International Journal of Tourism Research, 2014, 16 (05): 513-520.

[164] Nick Hajli, Xiaolin Lin, Mauricio Featherman, etel. Social Word of Mouth: How Trust Develops in the Market [J]. International Journal of Market Research, 2014, 56 (05): 673-689.

[165] Simone Mueller Loose, Hervé Remaud. Impact of corporate social responsibility claims on consumer food choice [J]. British Food Journal, 2013, 115 (01): 142-161.

[166] Ki-Chang Nam, Cheorun Jo, Mooha Lee. Meat products and consumption culture in the East [J]. Meat Science, 2010, 86 (01): 95-102.

后　记

　　《基于消费文化视角的广西消费经济研究》书稿终于写作与修改完成。书稿的写作是在国际国内形势深刻变化的背景下进行的，扩大内需、提振消费成为国家当前经济运行的重要内容。本书阐述了在党和国家的领导下，壮族消费文化对广西消费经济的积极影响，广西壮族和各族人民融合发展的伟大成就。本书可以为国家管理部门制定消费政策，引导消费，进行消费治理提供理论依据，也可以为类似广西这样的边疆少数民族地区建立现代化消费治理体系，促进经济社会发展提供借鉴。

　　感谢广西社科基金的立项！在项目研究的过程中，在核心期刊发表了 2 篇论文，3 篇论文发表于普刊，还有 1 篇成果专报获得自治区党委主要领导批示，本研究提高了我的科研能力，培育了科研团队。感谢原广西民族大学副校长李珍刚教授对于研究的指导！感谢广西大学中国边疆经济研究院李光辉院长、温韧执行院长、廖东红副院长、杨璞副院长、刘莉莉副院长！感谢研究团队成员张蕴祺、宋健华、陈雯、李璇、罗静红、范婷婷、邓宏滨、邓艳芳、周晶晶、曾玲嫚、乐兴宇、孙亚东、杨心怡、李珏、成富年！感谢我的亲人！感谢各位帮助我的领导和师长、朋友和同仁！感谢出版社的编辑老师在出书过程中的大力支持！感谢有关消费文化研究与壮族文化研究，以及消费经济研究的专家学者们，这些专家学者们的优秀成果是我学习和借鉴的宝贵思想，也是写作的素材来源！最后向各位评审专家致以崇高的敬意！

作　者

2023 年 10 月